दलित साहित्य का सौन्दर्यशास्त्र

दलित साहित्य का सौन्दर्यशास्त्र

ओमप्रकाश वाल्मीकि

राधाकृष्ण प्रकाशन

ISBN : 978-81-7119-690-6

दलित साहित्य का सौन्दर्यशास्त्र

पहला संस्करण : 2001
बारहवाँ संस्करण : 2025

मूल्य : ₹595

प्रकाशक
राधाकृष्ण प्रकाशन प्राइवेट लिमिटेड
जी-17, जगतपुरी, दिल्ली-110 051
शाखाएँ : अशोक राजपथ, साइंस कॉलेज के सामने, पटना-800 006
पहली मंजिल, दरबारी बिल्डिंग, महात्मा गांधी मार्ग, प्रयागराज-211 001
1, अनमोल सोराबजी संतुक लेन, धोबी तलाव, मरीन लाइंस, मुम्बई-400 002
वेबसाइट : www.radhakrishnaprakashan.com
ई-मेल : info@radhakrishnaprakashan.com

मुद्रक
बी.के. ऑफसेट
नवीन शाहदरा, दिल्ली-110 032

DALIT SAHITYA KA SAUNDARYASHASTRA
by Om Prakash Valmiki

डॉ. अरुण प्रभा मुखर्जी को...!

अनुक्रम

भूमिका

गत वर्षों में होनेवाली बहसों, चर्चाओं, सहमति, असहमतियों के बीच जो सवाल उठते रहे हैं, उन सवालों ने ही इस पुस्तक की परिकल्पना के लिए मुझे उकसाया है।

दलित साहित्य की अवधारणा क्या है ? उसकी प्रासंगिकता क्या है ? दलित-चेतना का अर्थ क्या है ?—आदि सवाल दलित, गैर-दलित रचनाकारों, आलोचकों, विद्वानों के बीच उठते रहे हैं। यहाँ यह सवाल भी उतना ही महत्त्वपूर्ण है कि दलित साहित्यकार किसे कहें ? इन तमाम सवालों को केन्द्र में रखकर ही दलित साहित्य और उसके सौन्दर्यशास्त्र पर बात हो सकती है। आदर्शवाद की महीन बुनावट में असमंजस की स्थितियाँ यथास्थितिवाद को ही पुख्ता करती हैं। ये आदर्शवादी स्थितियाँ हिन्दी क्षेत्रों में किसी बड़े आन्दोलन के जन्म न ले पाने के कारणों में से एक है। सामन्ती अवशेषों ने कुछ ऐसे मुखौटे धारण किए हुए हैं जिनके भीतरी संस्कारों और सोच को पहचान पाना मुश्किल होता है। व्यक्तिगत जीवन के दोहरे मापदंडों में ही नहीं साहित्य, संस्कृति के मोर्चे पर भी छद्म चेहरे रूप बदलकर मानवीय संवेदनाओं से अलग एक काल्पनिक संसार की रचना में लगे रहते हैं। बुनियादी बदलाव की संघर्षपूर्ण जद्दोजहद को कुन्द कर देने में इन्हें महारत हासिल है। यही यथास्थितिवादी लोग दलित साहित्य की जीवन्तता और सामाजिक बदलाव की मूलभूत चेतना को अनदेखा कर उस पर जातीय संकीर्णता एवं अपरिपक्वता का आरोप लगा रहे हैं।

सौन्दर्यशास्त्र की विवेचना में 'सौन्दर्य', 'कल्पना', 'बिम्ब' और 'प्रतीक' को प्रमुख माना है विद्वानों ने जबकि सौन्दर्य के लिए सामाजिक यथार्थ एक विशिष्ट घटक है। कल्पना और आदर्श की नींव पर खड़ा साहित्य किसी भी समाज के लिए प्रासंगिक नहीं हो सकता है। साहित्य के लिए वैचारिक प्रतिबद्धता और वर्तमान की दारुण

विसंगतियाँ ही उसे प्रासंगिक बनाती हैं। यदि कबीर आज भी प्रासंगिक लगता है तो वे सामाजिक स्थितियाँ ही हैं जो कबीर को प्रासंगिक बनाती हैं।

हिन्दी में दलित साहित्य की चर्चा और उस पर उठे विवादों ने हिन्दी साहित्य को ही कटघरे में खड़ा कर दिया है। जहाँ एक ओर हिन्दी साहित्य के मठाधीश, समीक्षक, आलोचक, दलित साहित्य के अस्तित्व को ही नकार रहे हैं, वहीं कुछ लोग यह सिद्ध करने का प्रयास भी कर रहे हैं कि दलित साहित्य के लिए दलित होना जरूरी नहीं है। उनका कहना है कि हिन्दी में दलित समस्याओं पर लिखनेवालों की एक लम्बी परम्परा है। ऐसी ही एक चर्चा के दौरान कथाकार काशीनाथ सिंह ने अपने एक अध्यक्षीय भाषण में टिप्पणी की थी, "घोड़े पर लिखने के लिए घोड़ा होना जरूरी नहीं है।" विद्वान कथाकार का यह तर्क किस सोच को उजागर करता है ? घोड़े को देखकर उसके बाह्य अंगों, उसकी दुलकी चाल, उसके पुट्ठों, उसकी हिनहिनाहट पर ही लिखेंगे। लेकिन दिन-भर का थका-हारा, जब वह अस्तबल में भूखा-प्यासा खूँटे से बँधा होगा, तब अपने मालिक के प्रति उसके मन में क्या भाव उठ रहे होंगे, उसकी अन्तःपीड़ा क्या होगी, इसे आप कैसे समझ पाएँगे ? मालिक का कौन-सा रूप और चेहरा उसकी कल्पना में होगा, इसे सिर्फ घोड़ा ही जानता है।

दलित साहित्य की भाषा, बिम्ब, प्रतीक, भावबोध परम्परावादी साहित्य से भिन्न हैं, उसके संस्कार भिन्न हैं।

हिन्दी के चर्चित कवि मंगलेश डबराल से एक साक्षात्कार में ललित कार्तिकेय द्वारा पूछा गया प्रश्न बहुत अहम है, "आपकी कविताओं में पहाड़ी जीवन की कठिनाइयों की झलक तो मिलती है, पूँजीवादी विकास से बन्ध्याकरण के संकेत भी मिलते हैं। लेकिन पहाड़ी समाज के भीतर के सामाजिक अन्तर्विरोध को आप अपने काव्य में नहीं लाते ?"

यही स्थिति समूचें हिन्दी साहित्य की है। मानवीय सम्बन्धों के अमूर्त रेखांकन से गद्गद हिन्दी साहित्य यह बताने में असमर्थ है कि महादेवी वर्मा जो 'नीर भरी दुःख की बदरी' हैं, उनकी इस पीड़ा का स्रोत क्या है ?

दलित लेखकों द्वारा आत्मकथाएँ लिखने की जो छटपटाहट है वह

भी इन स्थितियों की ही परिणति है। सामाजिक अन्तर्विरोधों से उपजी विसंगतियों ने दलितों में गहन नैराश्य पैदा किया है। सामाजिक संरचना के परिणाम बेहद अमानवीय एवं नारकीय सिद्ध हुए हैं। सामाजिक जीवन की दग्ध अनुभूतियाँ अपने अन्तस् में छिपाए दलितों के दीन-हीन चेहरे सहमे हुए हैं। इन भयावह स्थितियों के निर्माता कौन हैं ? दोहरे सांस्कृतिक मूल्यों को पीढ़ी-दर-पीढ़ी ढोते रहने को अभिशप्त जनमानस की विवशता साहित्य के लिए जरूरी क्यों नहीं है ? क्यों साहित्य एकांगी होकर रह गया है ? ये सारे प्रश्न दलित साहित्य की अन्तःचेतना में समायोजित हैं।

दलित साहित्य के लिए अलग सौन्दर्यशास्त्र की आवश्यकता क्यों पड़ी यह एक अहम सवाल है। इस पुस्तक की रचना प्रक्रिया के दौरान ऐसे अनेक प्रश्नों से सामना हुआ, जिन पर समीक्षकों को गम्भीरता से सोचना होगा। अलग सौन्दर्यशास्त्र की परिकल्पना से हिन्दी साहित्य का विघटन नहीं विस्तार होगा, ऐसी मेरी मान्यता है।

हिन्दी समीक्षक रचना के मापदंडों के प्रति बहुत ज्यादा संवेदनशील दिखाई पड़ते हैं। रचना का मापदंड क्या हो ? कैसे हो ? इसके लिए जरूरी है कि उसके उद्‌गम और भावबोध पर चर्चा हो, समाजशास्त्रीय आलोचना का विकास हो। उन मापदंडों में भी परिवर्तन की आवश्यकता है, जो सामन्ती सोच के पक्षधर हैं, कुलीन घरानों के नायकत्व से आतंकित हैं। उनकी अभिलाषाएँ, उनकी आकांक्षाएँ ही यदि साहित्य के सौन्दर्यशास्त्र का निर्धारण करती हैं, तो ऐसा साहित्य मानवीय संवेदनाओं को कहाँ तक सँजो पाएगा, इसमें सन्देह है।

इस पुस्तक में दलित साहित्य और उसकी सोच एवं दृष्टि को व्याख्यायित करने का प्रयास किया गया है। इस पुस्तक के लिखने में अनेक मित्रों, विद्वानों का सहयोग मिला है। उनके प्रति आभार, बिना किसी औपचारिकता के। दलित साहित्य-आन्दोलन से जुड़े उन तमाम लोगों का आभार, जिनकी जद्‌दोजहद ने मुझे यह पुस्तक लिखने की प्रेरणा दी। डॉ श्यौराज सिंह बेचैन, डॉ. धर्मपाल पीहल एवं डॉ. जय किशन (उस्मानिया विश्वविद्यालय, हैदराबाद), जिनके सम्बल एवं प्रोत्साहन, सहयोग के बगैर यह सामग्री पुस्तक रूप नहीं ले सकती थी।

पुस्तक की पांडुलिपि तैयार करने में मेरे मित्र टिकारामजी ने जो

सहयोग दिया, उसके लिए मैं उनका आभारी हूँ।

प्रस्तुत सामग्री के कुछ अंश 'हंस', 'पहल', 'संचेतना', 'वसुधा' और 'भारत अश्वघोष' में छप चुके हैं। आभार।

—ओमप्रकाश वाल्मीकि

दलित साहित्य की अवधारणा

'दलित' शब्द का अर्थ है—जिसका दलन और दमन हुआ है, दबाया गया है, उत्पीड़ित, शोषित, सताया हुआ, गिराया हुआ, उपेक्षित, घृणित, रौंदा हुआ, मसला हुआ, कुचला हुआ, विनिष्ट, मर्दित, पस्त-हिम्मत, हतोत्साहित, वंचित आदि।

डॉ. श्यौराज सिंह बेचैन दलित शब्द की व्याख्या करते हुए कहते हैं—'दलित वह है जिसे भारतीय संविधान ने अनुसूचित जाति का दर्जा दिया है।'

इसी प्रकार कँवल भारती का मानना है कि 'दलित वह है जिस पर अस्पृश्यता का नियम लागू किया गया है। जिसे कठोर और गन्दे कार्य करने के लिए बाध्य किया गया है। जिसे शिक्षा ग्रहण करने और स्वतन्त्र व्यवसाय करने से मना किया गया और जिस पर सछूतों ने सामाजिक निर्योग्यताओं की संहिता लागू की, वही और वही दलित है, और इसके अन्तर्गत वही जातियाँ आती हैं, जिन्हें अनुसूचित जातियाँ कहा जाता है।'

मोहनदास नैमिशराय 'दलित' शब्द को और अधिक विस्तार देते हुए कहते हैं कि दलित शब्द मार्क्स प्रणीत सर्वहारा शब्द के लिए समानार्थी लगता है। लेकिन इन दोनों शब्दों में प्रर्याप्त भेद भी है। दलित की व्याप्ति अधिक है, तो सर्वहारा की सीमित। दलित के अन्तर्गत सामाजिक, धार्मिक, अर्थिक, राजनीतिक शोषण का अन्तर्भाव होता है, तो सर्वहारा केवल आर्थिक शोषण तक ही सीमित है। प्रत्येक दलित व्यक्ति सर्वहारा के अन्तर्गत आ सकता है, लेकिन प्रत्येक सर्वहारा को दलित कहने के लिए बाध्य नहीं हो सकते...अर्थात सर्वहारा की सीमाओं में आर्थिक विषमता का शिकार वर्ग आता है, जबकि दलित विशेष तौर पर सामाजिक विषमता का शिकार होता है।'

दलित शब्द व्यापक अर्थबोध की अभिव्यंजना देता है। भारतीय समाज में जिसे अस्पृश्य माना गया वह व्यक्ति ही दलित है। दुर्गम पहाड़ों, वनों के बीच जीवनयापन करने के लिए बाध्य जनजातियाँ और आदिवासी, जरायमपेशा घोषित जातियाँ सभी इस दायरे में आती हैं। सभी वर्गों की स्त्रियाँ दलित हैं। बहुत कम श्रम-मूल्य पर चौबीसों घंटे काम करनेवाले श्रमिक, बँधुआ मजदूर दलित की श्रेणी में आते हैं।

इन तथ्यों से स्पष्ट होता है कि दलित शब्द उस व्यक्ति के लिए प्रयोग होता है जो समाज-व्यवस्था के तहत सबसे निचली पायदान पर है। वर्ण-व्यवस्था ने जिसे अछूत या अन्त्यज की श्रेणी में रखा। उसका दलन हुआ। शोषण हुआ, इस समूह को ही संविधान में अनुसूचित जातियाँ कहा गया है जो जन्मना अछूत है।

दलित शब्द साहित्य के साथ जुड़कर एक ऐसी साहित्यिक धारा की ओर संकेत करता है, जो मानवीय सरोकारों और संवेदनाओं की यथार्थवादी अभिव्यक्ति है।

अनेक विद्वानों ने 'दलित साहित्य' की व्याख्या करते हुए उसे परिभाषित किया है। दलित चिन्तक कंवल भारती की धारणा है कि 'दलित साहित्य से अभिप्राय उस साहित्य से है। जिसमें दलितों ने स्वयं अपनी पीड़ा को रूपायित किया है अपने जीवन-संघर्ष में दलितों ने जिस यथार्थ को भोगा है, दलित साहित्य उनकी उसी अभिव्यक्ति का साहित्य है। यह कला के लिए कला नहीं, बल्कि जीवन का और जीवन की जिजीविषा का साहित्य है। इसीलिए कहना न होगा कि

वास्तव में दलितों द्वारा लिखा गया साहित्य ही दलित साहित्य की कोटी में आता है।'

दलित साहित्य जन साहित्य है, यानी मास लिटरेचर (Mass Literature)। सिर्फ इतना ही नहीं, लिटरेचर ऑफ एक्शन (Literature of action) भी है जो मानवीय मूल्यों की भूमिका पर सामन्ती मानसिकता के विरुद्ध आक्रोशजनित संघर्ष है। इसी संघर्ष और विद्रोह से उपजा है दलित साहित्य।

मराठी कवि नारायण सूर्वे का कहना है कि 'दलित शब्द की मिली-जुली परिभाषाएँ हैं। इसका अर्थ केवल बौद्ध या पिछड़ी जातियाँ ही नहीं, समाज में जो भी पीड़ित हैं, वे दलित हैं। ईश्वर निष्ठा या शोषण निष्ठा जैसे बन्धनों से आदमी को मुक्त रहना चाहिए। उसका स्वतन्त्र अस्तित्व सहज स्वीकार किया जाना चाहिए। उसके सामाजिक अस्तित्व की धारणा समता, स्वतन्त्रता और विश्वबन्धुत्व के प्रति निष्ठा निर्धारित होनी चाहिए। यही दलित साहित्य का आग्रह है। 'दलित साहित्य' संज्ञा मूलतः प्रश्न सूचक है। महार, चमार, माँग, कसाई, भंगी जैसी जातियों की स्थितियों के प्रश्नों पर विचार तथा रचनाओं द्वारा उसे प्रस्तुत करनेवाला साहित्य ही दलित साहित्य है।

डॉ. सी.बी. भारती की मान्यता है कि 'नवयुग का एक व्यापक वैज्ञानिक व यथार्थपरक संवेदनशील साहित्यिक हस्तक्षेप है। जो कुछ भी तर्कसंगत, वैज्ञानिक, परम्पराओं का पूर्वाग्रहों से मुक्त साहित्य सृजन है हम उसे दलित साहित्य के नाम से संज्ञायित करते हैं।'

राजेन्द्र यादव दलित शब्द को काफी व्यापक दायरे में देखते हैं। वे स्त्रियों को भी दलित मानते हैं। पिछड़ी जातियों को भी दलितों में शामिल करते हैं। लेकिन डॉ. श्यौराज सिंह बेचैन उनके इस तर्क से सहमत नहीं हैं। उनका कहना है : 'इससे साहित्य में सही स्थिति सामने नहीं आती। दलित साहित्य उन अछूतों का साहित्य है जिन्हें सामाजिक स्तर पर सम्मान नहीं मिला। सामाजिक स्तर पर जातिभेद के जो लोग शिकार हुए हैं, उनकी छटपटाहट ही शब्दबद्ध होकर दलित साहित्य बन रही है।'

बाबूराव बागूल 'दलित' विशेषण को सम्यक क्रान्ति का नाम मानते हैं जोकि क्रान्ति का साक्षात्कार है।

यही मान्यता अर्जुन डाँगले की भी है। उनका कहना है कि 'दलित

शब्द का अर्थ साहित्य के सन्दर्भ में नए अर्थ देता है। दलित यानी शोषित, पीड़ित समाज, धर्म व अन्य कारणों से जिसका आर्थिक, सामाजिक, सांस्कृतिक शोषण किया जाता है, वह मनुष्य और वही मनुष्य क्रान्ति कर सकता है। यह दलित साहित्य का विश्वास है।'

इन विवेचनाओं एवं विशेषणों के आधार पर जो तथ्य स्थापित होते हैं, उनसे यह निष्कर्ष निकलता है कि दलित शब्द दबाए गए, शोषित, पीड़ित, प्रताड़ित के अर्थों के साथ जब साहित्य से जुड़ता है तो विरोध और नकार की ओर संकेत करता है। वह नकार या विरोध चाहे व्यवस्था का हो, सामाजिक विसंगतियों या धार्मिक रूढ़ियों, आर्थिक विषमताओं का हो या भाषा प्रान्त के अलगाव का हो या साहित्यिक परम्पराओं, मानदंडों या सौन्दर्यशास्त्र का हो, दलित साहित्य नकार का साहित्य है जो संघर्ष से उपजा है तथा जिसमें समता, स्वतन्त्रता और बन्धुता का भाव है, और वर्ण व्यवस्था से उपजे जातिवाद का विरोध है।

साहित्य के साथ दलित शब्द के जुड़ते ही उसकी व्यापकता और अधिक क्रान्ति बोधक हो जाती है। अर्थ और अधिक व्यंजनात्मक होकर साहित्य की भूमिका और सामाजिक उत्तरदायित्वों को और अधिक विश्लेषित करने की क्षमता हासिल कर लेता है। दलित शब्द विरोध की अभिव्यक्ति का प्रतीक बन जाता है। मानवीय संवेदनाओं के सरोकारों से जुड़कर सामाजिक प्रतिबद्धता स्थापित करता है।

दलित साहित्य की जितनी भी परिभाषाएँ हैं, उनका एकमात्र स्वर है। सामाजिक परिवर्तन अम्बेडकरवादी विचार ही उसकी एकमात्र प्रेरणा है। बाबूराव बागूल के शब्दों में कहें, 'मनुष्य की मुक्ति को स्वीकार करनेवाला, मनुष्य को महान माननेवाला, वंश, वर्ण और जाति श्रेष्ठत्व का प्रबल विरोध करनेवाला साहित्य ही दलित साहित्य है।'

आज दलित साहित्य चर्चा के केन्द्र में है। वैसे तो दलित साहित्य के अनेक विद्वान दलित साहित्य का इतिहास बहुत पुराना मानते हैं। सिद्ध कवियों, भक्त कवियों की रचनाओं में दलित चेतना के सूत्र बीज रूप में मानते हैं। 'सरस्वती' में प्रकाशित हीरा डोम की कविता को भी कई विद्वान पहली हिन्दी दलित कविता मानते हैं। अछूतानन्द के आन्दोलन और उनकी रचनाओं में सामाजिक उत्पीड़न को स्पष्ट देखा जा सकता है। आजादी के बाद भी अनेक दलित कवि हुए हैं,

जिन पर गाँधीवाद का प्रभाव ज्यादा है। उनमें हरित जी विशेष रूप से उल्लेखनीय हैं। माताप्रसाद, मंशाराम विद्रोही आदि ने बहुतायत में दलित लेखन किया है।

लेकिन दलित साहित्य की प्रेरणा जब अम्बेडकर-दर्शन को स्वीकार कर लेते हैं तो कुछ तथ्य स्वयं ही विश्लेषित हो जाते हैं। सातवें दशक में शिक्षित होकर कार्यक्षेत्र में उतरे दलित लेखकों की जद्दोजहद और संघर्ष ने हिन्दी दलित साहित्य की जो भूमि तैयार की उसका नोटिस गैर-दलितों ने काफी विलम्ब से लिया जबकि दलित पत्र-पत्रिकाओं में यह गूँज पहले ही अपने पैर जमा चुकी थी। सातवें दशक में 'निर्णायक भीम' (सम्पादक आर. कमल, कानपुर) पत्रिका ने दलित लेखकों को जो एक मंच प्रदान किया, उसकी बदौलत हिन्दी के कई नाम उभरकर सामने आए। इस बीच अनेक दलित पत्र-पत्रिकाओं का प्रकाशन इस संघर्ष के लिए अनुकूल साबित हुआ। मोहनदास नैमिशराय स्वतन्त्र लेखन एवं पत्रकारिता से जुड़े और अपनी एक विशिष्ट पहचान निर्मित की।

31 जुलाई, 1992 को 'हंस' पत्रिका ने 'दलित चेतना : विशिष्ट सन्दर्भ प्रेमचन्द' विषय पर नई दिल्ली में वार्षिक गोष्ठी का आयोजन किया जिसकी चर्चा लम्बे समय तक चली और अन्त में 'स्त्री दलित है या नहीं' पर केन्द्रित हो गई। लेकिन इस चर्चा से यह लाभ जरूर हुआ कि जो दलित साहित्य को अभी तक अनदेखा कर रहे थे, उनका ध्यान इस ओर गया। कुछ विद्वान हिन्दी साहित्य से ढूँढ़-ढूँढ़कर दलित साहित्य की सूचियाँ दिखाने लगे। कल तक जहाँ दलित साहित्य का जिक्र नहीं था, वहाँ प्रेमचन्द, नागार्जुन, धूमिल, अमृतलाल नागर, गिरिराज किशोर, यहाँ तक कि तुलसीदास भी दलित कवियों की श्रेणी में आने लगे।

शिवपुरी में कथाकार पुन्नी सिंह ने 'कलम' के मंच से दलित साहित्य पर संगोष्ठी कराई, जिसमें नामवर सिंह और राजेन्द्र यादव ने भाग लिया था। उसी वर्ष (1993) अक्टूबर में अखिल भारतीय हिन्दी दलित-लेखक-साहित्य सम्मेलन का आयोजन डॉ. विमल कीर्ति ने नागपुर में किया। हिन्दी दलित साहित्य के लिए यह एक ऐतिहासिक क्षण था। इस सम्मेलन की अध्यक्षता करने का अवसर मुझे मिला था। डॉ. महीप सिंह, कथाकार, सम्पादक-संचेतना को उद्घाटनकर्ता

के तौर पर आमन्त्रित किया गया था। डॉ. महीप सिंह 'संचेतना' का मराठी दलित साहित्य (हिन्दी में) विशेषांक प्रकाशित कर चुके थे। दो दिन के इस सम्मेलन में डॉ. महीप सिंह ने दलित लेखकों की जद्दोजहद बहुत करीब से देखी थी। दलित लेखकों ने अपने पूर्व हिन्दी साहित्य पर अनेक सवाल उठाए थे जिन पर आगे चलकर एक सार्थक बहस हुई थी। और इसके रचनात्मक परिणाम भी दिखाई पड़े। प्रेमचन्द और उनकी चर्चित कहानी 'कफन' पर उठाए गए सवालों पर 'समकालीन जनमत' ने बहस चलाई थी। 'हंस', 'कथानक', 'इंडिया टुडे' आदि पत्रिकाओं ने दलित कहानियाँ प्रकाशित कीं। 'प्रज्ञा साहित्य', 'सुमन लिपि', 'युद्धरत आम आदमी', 'पश्यन्ति' ने दलित अंक निकाले। नागपुर से 'अंगुत्तर' त्रैमासिक (डॉ. विमल कीर्ति) का नियमित प्रकाशन शुरू हुआ। राष्ट्रीय सहारा ने 'हस्तक्षेप' साप्ताहिक परिशिष्ट के दो अंक निकाले, राजकिशोर ने आज के प्रश्न शृंखला में 'हरिजन से दलित' पुस्तक का सम्पादन किया।

17 अगस्त, 1998 को जनवादी लेखक संघ, नई दिल्ली ने साहित्य अकादमी के सभागार में दलित आत्मकथा 'जूठन' (ओमप्रकाश वाल्मीकि) पर संगोष्ठी का आयोजन किया जिसमें दलित, गैर-दलित विद्वानों, लेखकों ने भाग लिया तथा दलित साहित्य पर एक गम्भीर चर्चा हुई।

गत वर्षों में दलित साहित्य आन्दोलन से हिन्दी के प्रतिष्ठित लेखकों और विद्वानों के दृष्टिकोण में बदलाव की प्रक्रिया का जो रूप उभरा है, वह एक उम्मीद जगाता है। इन सबके बाद भी हिन्दी समीक्षकों, साहित्यकारों और पाठकों का एक ऐसा वर्ग है, जो दलित साहित्य पर लगातार आरोप लगाता रहा है। कभी उस पर जातिवादी होने का आरोप तो कभी समाज में विघटन करने का आरोप, तो कभी साहित्य की 'उत्कृष्टता' और 'पवित्रता' को नष्ट-भ्रष्ट कर देने का आरोप तो कभी नामवरजी को लगता है कि दलित लेखकों की साहित्य में घुसपैठ करके आरक्षण माँगने की नीयत है। इसीलिए वे बार-बार यह दोहराते हैं कि साहित्य में आरक्षण नहीं होता। यह वाक्य उछालकर दलित साहित्य को खारिज कर देने की मुहिम चलाई जा रही है जबकि यह सवाल ही बेबुनियाद है, साथ ही पूर्वग्रहों से भरा हुआ भी। कुछ विरोध तो केवल व्यक्तिगत हैं, जैसे नामवरजी के लिए नेतृत्व का

संकट। कुछ कारण सामन्ती प्रवृत्तियों के भी हैं, जो दलित साहित्य के लिए संकट उत्पन्न करने का प्रयास करते हैं।

गैर-दलित लेखकों का यह वर्ग दलित साहित्य के अस्तित्व को ही स्वीकार नहीं करता, जिसकी पृष्ठभूमि में सुप्त या जाग्रत दलित विरोधी वर्णग्रस्त मानसिकता है। दूसरी तरफ एक ऐसा वर्ग है जो दलित साहित्य के अस्तित्व को स्वीकार तो करता है किन्तु इसका जनक एवं अगुवा सवर्णों को ही मानता है। यह वर्ग पहले से ज्यादा खतरनाक है। यही वर्ग कहता है कि दलित साहित्य लिखने के लिए क्या दलित परिवार में जन्म लेना जरूरी है ? अर्थात बिल्कुल जरूरी नहीं है।

दलित लेखकों में भी ऐसे अनेक लेखक हैं, जो दलित साहित्य को अपमानबोधक मानते हैं, ऐसे दलित लेखक ब्राह्मणवाद से आतंकित हैं। उनकी वैचारिक चेतना एक दायरे में घूमती है। जैसे उन्हें लगता है कि दलितों का 'आत्मकथा' लेखन एक निकृष्ट कर्म है। अपने घरों की दबी-ढकी बातों को उघाड़कर जगजाहिर कर रहे हैं, जिन्हें पढ़कर गैर-दलितों का मनोरंजन होता है और दलितों में हीन भावना उत्पन्न होती है। ऐसे वक्तव्य देते समय वे भूल जाते हैं कि डॉ. अम्बेडकर द्वारा चलाए गए दलित आन्दोलन के कारण जो संवैधानिक आरक्षण का लाभ मिला, उसे हथियाने में ये ब्राह्मणवादी दलित सबसे आगे खड़े हो जाते हैं। तब इन्हें हीनताबोध नहीं सताता : 'ब्राह्मण' बनने की इनकी होड़ इन्हें समाज की उन्नति के विषय में सोचने ही नहीं देती। इनके आचार, विचार, रहन-सहन पर ब्राह्मणवादी परम्पराओं के अनुकरण की झलक साफ-साफ दिखाई पड़ती है। उनकी सामाजिक धारणाएँ, मान्यताएँ, समाज-व्यवस्था और उसे बदलनेवाले साधन, क्रान्तिकारी संघर्ष और आन्दोलन आदि उनकी मानसिक सोच में बैठते ही नहीं हैं। उनकी वैचारिक नपुंसकता उन्हें सिर्फ अवसरवादी बनाती है।

डॉ अम्बेडर की आत्मकथा 'मी कसा झालो' (मैं कैसे बना) से प्रेरणा लेकर दलित साहित्यकारों ने आत्मकथा विधा विकसित की है जो समाज को दर्पण दिखाती है कि वह समाज जिसमें हम रहते हैं कितना अमानुषिक है।

डॉ. भगवानदास का कहना है कि 'आत्मकथा लिखना दलितों

के लिए फायदेमन्द होगा, क्योंकि इस तरह न केवल इतिहास जिन्दा रहेगा बल्कि वे अनुभव भी जिन्दा रहेंगे जो गलत काम करनेवालों की सही तस्वीर तथा भविष्य में प्रेरणा देने का जरिया भी बन सकेंगे। आत्मकथा व्यक्ति अधिकार से लिखता है। यह मौलिक कृति होती है।'

'अपने-अपने पिंजरे' के लेखक मोहनदास नैमिशराय आत्मकथा लेखन को दोहरा संकट मानते हैं। उनका कहना है कि 'दलित लेखक को पहले स्वयं अपने समाज, जाति, परिवार और रिश्तेदारों से जूझना पड़ता है। बाद में सवर्ण समीक्षकों, टीकाकारों से भी उलझना जरूरी हो जाता है जो शालीनता और अश्लीलता की विपरीत शब्दावलियों के बहाने ऐसे कथाकारों को कोसना कतई नहीं भूलते हैं।' आगे वे कहते हैं कि 'हिन्दी में जितनी भी दलित आत्मकथाएँ आएँगी, दलित साहित्य का फलक उतना ही बढ़ेगा।'

दलित साहित्य-आन्दोलन के दग्ध अनुभवों के आधार पर समाज और साहित्य का जो अटूट सम्बन्ध है, उसे रचनाकारों को दृष्टि में रखकर चलना होगा। अपने पूर्व साहित्य से असहमतियों, वैचारिक विरोधों के बावजूद भी उसका गहन अध्ययन-मनन आवश्यक है। तभी हम किसी विशेष निष्कर्ष पर पहुँच सकते हैं। क्योंकि दलित साहित्य दलित यातनाओं की अनुगूँज भर नहीं है। दलित साहित्य की व्यापकता इसी में है कि वह अन्याय, अत्याचार, सामाजिक विषमताओं, शोषण, दमन के विरुद्ध एक दीवार की तरह खड़ा हो जाए, बेहतर समाज की परिकल्पना को साकार करने के लिए। तभी उसका सामाजिक दायित्व और वैचारिक प्रातिबद्धता सिद्ध होगी।

दलित साहित्य में जहाँ प्रारम्भिक दौर कविताओं तक सीमित था, आज अनेक विधाओं में काम हो रहा है। जहाँ कवि रूप में दलित रचनाकारों ने अपनी पहचान बनाई है, वहीं कहानी, उपन्यास, समीक्षाएँ, पत्रकारिता, आत्मकथा, संस्मरण, साहित्यिक टिप्पणियाँ, नाटक आदि विधाओं में अनेक पुस्तकें आ चुकी हैं।

दलित साहित्य अपने समय से लड़ते हुए आनेवाले कल की बेहतर जिन्दगी के लिए आशावादी है। तमाम विपरीत परिस्थितियों, चुनौतियों के संकट के बावजूद दलित साहित्य ने अपनी ऊर्जा और सम्भावनाएँ क्षीण नहीं होने दी हैं।

कुल मिलाकर दलित साहित्य भविष्य का साहित्य है। राजेन्द्र यादव का यह कहना कि 'अगली सदी दलित रचनाकारों की होगी' सच लगता है।

सन्दर्भ

1. डॉ. श्यौराज सिंह बेचैन—युद्धरत आम आदमी (अंक 41-42), 1998, पृष्ठ 14
2. कँवल भारती—युद्धरत आम आदमी (अंक 41-42), 1998, पृष्ठ 41
3. मोहनदास नैमिशराय—साहित्य और संस्कृति में दलित अस्मिता और पहचान का सवाल, नया पथ (अंक 24-25), जुलाई-सितम्बर, 1997, पृष्ठ 104-5
4. कंवल भारती—युद्धरत आम आदमी, अंक-41-42, 1998, पृष्ठ 41
5. नारायण सूर्वे—हंस, 1993
6. डॉ. सी.बी. भारती—दलित साहित्य का सौन्दर्यशास्त्र, हंस-11, अंक 1, 1996, पृष्ठ 70-72
7. बाबूराव बागूल—दलित साहित्य आज का क्रान्ति विज्ञान, पृष्ठ 259
8. डॉ. श्यौराज सिंह बेचैन—एक अलग रास्ता है दलित कथा का—अंगुत्तर, जुलाई-अगस्त-सितम्बर, 1997, पृष्ठ 70
9. बाबूराव बागूल—दलित साहित्य हे तर माणसाचे साहित्य, सिंह गर्जना, दिवाली अंक 1975
10. अर्जुन डाँगले—दलित साहित्य : एक अभ्यास, 1978, महाराष्ट्र राज्य साहित्य संस्कृति मंडल, पृष्ठ 41
11. डॉ. भगवानदास—आत्मकथा लेखन, मेरी दृष्टि में, अंगुत्तर, अप्रैल-जून, 1996, पृष्ठ-9
12. मोहनदास नैमिशराय—हिन्दी दलित साहित्य में आत्मकथा लिखने के संकट, अंगुत्तर, अप्रैल-जून, 1996, पृष्ठ 11

दलित साहित्य की प्रासंगिकता

दलित साहित्य समाज-सापेक्ष है। साहित्य की मूल संवेदना के साथ-साथ दलित साहित्य मनुष्य की स्वतन्त्रता, समता और बन्धुत्व की भावना को सर्वोपरि मानता है।

मोहनदास नैमिशराय के अनुसार शोषक वर्ग के खिलाफ अपने अधिकारों के लिए संघर्ष करते हुए समाज में समता, बन्धुता तथा मैत्री की स्थापना करना ही दलित साहित्य का उद्‌देश्य है।

सार्त्र के शब्दों में कहें तो लेखन केवल लिखना ही नहीं, एक कार्यवाही है, और बुराई के खिलाफ मनुष्य के सतत संघर्ष में लेखन को सायास एक हथियार की तरह इस्तेमाल करना चाहिए।

दलित रचनाकारों ने साहित्य को अपने मुक्ति आन्दोलन का एक हिस्सा बनाया है। शब्द की आग से ऊर्जा ग्रहण कर उन्होंने अपने आन्दोलन को गम्भीर सरोकारों से जोड़ा है। मराठी के विख्यात दलित लेखक बाबूराव बागूल की यह मान्यता बल देती है कि दलित साहित्य का केन्द्र बिन्दु मानव है, और वह मानव के ही इर्द-गिर्द घूमता है।

साहित्य की भूमिका को रेखांकित करते हुए जनवादी लेखिका रमणिका गुप्ता की मान्यता है कि 'दुनिया का नब्बे प्रतिशत साहित्य आजादी की चाह के लिए ही लिखा जाता रहा है। दलित साहित्य आजादी के साथ-साथ समता, बन्धुत्व की चाह को भी समान स्तर पर रखकर साहित्य रचता है।'

जब हम हिन्दी साहित्य का विश्लेषण करते हैं तो कुछ विशिष्ट स्थितियाँ पाते हैं, जैसे भक्ति एवं चारण भावनाएँ हिन्दी साहित्य में प्रबल रूप से उभरी हैं जो पलायन और स्थितियों के अनुकूलन से उत्पन्न होकर साहित्य की धारा बनी हैं और चमत्कारिक सम्भावनाओं का इन्तजार करती हुई दृष्टिगोचर होती हैं। यही स्थिति आजादी की लड़ाई के दौरान 'छायावाद' की है जो एक प्रकार का पलायन ही है। निज वेदना में समाज की पीड़ा, दुःख-दर्द गौण हैं। इसके विपरीत दलित साहित्य समाज के दुःख-दर्द से जूझकर मनुष्य की लड़ाई लड़ता है।

डॉ. पानतावणे दलित साहित्य की अन्तःचेतना को व्याख्यायित करते हुए कहते हैं कि 'दलित साहित्य हमारे समाज का दर्पण है, जो हमने देखा है, अनुभव किया, भोगा, जाना, समझा, उसका अंकन उत्कटतापूर्वक हुआ है। दलित्व का निर्मूलन हमारे साहित्य का हथियार है। इसलिए सर्वव्यापी क्रान्ति का यह आह्वान करता है।'

डॉ. एन. सिंह की व्याख्या दलित साहित्य के उद्देश्यों को बदलाव की प्रक्रिया में आवश्यक मानती है। उनका कहना है : 'इस धारा के रचनाकार गाँव और छोटे कस्बों में रहकर आम आदमी की सारी दिक्कतों को झेलते हुए, समय मिलते ही अपनी लहूलुहान चेतना को इस प्रतिबद्धता के साथ अभिव्यक्त करते हैं कि आसपास बिखरा गूँगा-बहरा जनसमूह मेरी आवाज सुनकर जाग जाए। ये कवि पसीने में डूबकर पसीने की बात करते हैं। शायद त्रासद स्थितियों में कुछ परिवर्तन आए।'

इसी प्रकार की मान्यता रजतरानी मीनू भी व्यक्त करती हैं : 'दलित कविता बदतर जीवन-स्थितियों के खिलाफ बेहतर जीवन-परिस्थितियों के लिए यथास्थिति से विद्रोह की कविता है। यह विद्रोह मार्क्स की रक्त-क्रान्ति जैसा हिंसात्मक केवल राजनीतिक स्तर पर घटित होनेवाला विद्रोह नहीं है अपितु बुद्ध, अम्बेडकर की रक्तरहित

सम्यक क्रान्ति का प्रेरक मन्त्र है जो सामाजिक सांस्कृतिक स्तरों पर घटित होनेवाले सन्तुलित परिवर्तन का आधार है।'

दलित रचनाकार की अपनी परिस्थितियाँ, अनुभव-वैशिष्ट्य भले ही निजी हों, फिर भी उनका सामाजिक, ऐतिहासिक अर्थ होता है। उनको शब्दबद्ध करना आनेवाली पीढ़ियों के लिए महत्त्वपूर्ण होता है। हजारों साल से शोषितों, पीड़ितों, दलितों के विचार, उनकी भावनाएँ अपने मालिकों के प्रति क्या थीं ? कैसी थीं ? उनकी आशा, निराशा, आकांक्षा, भय, जो उन स्थितियों से उत्पन्न होते थे, वे क्या थे ? अपने मालिकों के प्रति उत्पीड़न के क्षणों में उनकी धारणाएँ क्या थीं ? यह जानने का कोई रास्ता हमारे पास नहीं है। अतीत के गर्भ में सब राख हो गया है। अतीत का आकलन करने का कोई आधार आनेवाली पीढ़ियों के पास नहीं है। साहित्य, जिस पर सामन्ती और ब्राह्मणवादी सोच का प्रभुत्व था, वह हमें सिर्फ उनकी जो धारणाएँ हमारे प्रति थीं, सिर्फ उतना ही बताता है। हीनताबोध उत्पन्न करनेवाला यह साहित्य हमारे लिए सिर्फ दासता ही ला सकता है। स्वतन्त्रता या मुक्ति की चाहना अपराध है।

अर्जुन डाँगले के अनुसार : 'सामाजिक व्यवस्था और विषमता के विरुद्ध आन्दोलन खड़ा करके एक नए समाज का निर्माण करना, यह दलित साहित्य का प्रमुख उद्‌देश्य है।' लेकिन साथ ही वे यह भी मानते हैं कि समाज-परिवर्तन का एक मात्र माध्यम या साधन साहित्य ही नहीं है। अनेक माध्यमों में से वह एक माध्यम हो सकता है। प्रत्येक माध्यम की अपनी एक अंगीभूत ताकत होती है। जीवन्त साहित्य में जिन मूल्यों का प्रचार होना अपरिहार्य होता है, उस प्रचार को साहित्य में अधिक ताकतवर करना है तो उस माध्यम की अंगीभूत ताकत कैसी है, इसका विचार यदि नहीं किया गया तो उस माध्यम का परिणामकारक उपयोग नहीं किया जा सकेगा। केवल साहित्य से क्रान्ति होती है यह सिर्फ भ्रम है। क्रान्ति के लिए क्रान्तिकारी तत्त्वज्ञान, आन्दोलन, क्रान्तिकारी समूह होने चाहिए।'

हरिशंकर परसाई साहित्य की भूमिका पर टिप्पणी करते हुए कहते हैं : 'साहित्य का प्रभाव जो समाज पर पड़ता है, वह बहुत सूक्ष्म होता है, ऊपर दिखता नहीं। आप ये सोचते होंगे कि साहित्य से कोई जनक्रान्ति या सामाजिक क्रान्ति होती है तो यह नहीं होती। साहित्यिक

पुस्तकों से कोई जनक्रान्ति या सामाजिक बदलाव नहीं होता, सामाजिक बदलाव के लिए चेतना बनती है। तो हमारा काम इतना है कि हम समाज को आत्मसाक्षात्कार कराएँ कि आप ऐसे हैं। ये खराबियाँ हैं। एक हम उनको स्वप्न भी दें कि ऐसा होना चाहिए और कुछ रास्ता भी सुझाएँ कि वह इस प्रकार से होगा। इस प्रकार हमारा जो काम है, वह परिवर्तन की चेतना बनाने का है। लेकिन जब ये जरूरत पड़े कि खुल्लम-खुल्ला सक्रिय होने का अवसर आ गया है, तब लेखक लड़े। सामाजिक परिवर्तन क्रान्तिकारी आन्दोलन से ही होता है और वह राजनीतिक आन्दोलन ही होता है। इसमें शक नहीं है। जब उस आन्दोलन की तैयारी हो और संगठित आन्दोलन हो तब लेखक को उसमें शामिल होना चाहिए।'

डॉ. राणाप्रताप का मानना है कि : 'दलित लेखन द्विज संस्कृति व उसके वर्चस्व के खिलाफ है। दलित लेखक का संघर्ष निर्वर्ण समतामूलक समाज की स्थापना की माँग करता है। दलित लेखन में वेदना ही पराकाष्ठा है।'

दलित लेखन केवल दलितों के अधिकार एवं मूल्यों तक ही सीमित नहीं है बल्कि सामाजिक सन्दर्भों के साथ जुड़कर समूचे समाज की अस्मिता और मूल्यों की पहचान बनता है। रमणिका गुप्ता का कहना है कि : 'दलित साहित्य उस दबी हुई अस्मिता को प्राणवान मानव-अस्मिता का हिस्सा बनाने की लड़ाई लड़ रहा होता है, जब वह वर्णविहीन, वर्गविहीन, जातिविहीन समाज बनाकर एक मानवीय समाज बनाने की घोषणा करता है। जनवादी, प्रगतिशील और जनतान्त्रिक साहित्य जो भारत के जन्मना जाति के सन्दर्भ में केवल वर्ग की ही बात करते-करते एकतरफा, कहें कि इकहरा हो गया था—दलित साहित्य ने सामाजिक समानता और राजनीतिक भागीदारी को भी साहित्य का विषय बनाकर उनकी आर्थिक समानता की अधूरी मुहिम को पूर्णता दी। इन तीनों मुद्दों पर समानता प्राप्त किए बगैर मनुष्य पूर्ण समानता प्राप्त नहीं कर सकता। दलित साहित्य इस पूर्ण समानता के लिए संघर्षरत है।'

दलित साहित्यकार अपनी सामाजिक प्रतिबद्धता के साथ रचनाकर्म से जुड़कर साहित्य की सृजनात्मकता में मानवीय सरोकारों, संवेदनाओं और स्वतन्त्रता, भाई-चारे की भावनाओं को स्थापित करता है। उसकी दृष्टि में प्रत्येक व्यक्ति और उसकी पीड़ा, उसके सुख-दुःख महत्त्वपूर्ण

हैं। उसमें दलित हो या स्त्री, उसके प्रति रागात्मक तादात्म्य स्थापित करना दलित साहित्य का प्रमुख प्रयोजन है। दलित चिन्तन ने नया आयाम देकर साहित्य की भावना का विस्तार किया है। पारम्परिक और स्थापित साहित्य को आत्मविश्लेषण और पुनर्विश्लेषण के लिए बाध्य किया है। झूठी और अतार्किक मान्यताओं का निर्ममता से विरोध किया है। अपने पूर्व साहित्यकारों के प्रति आस्थावान रहकर नहीं, बल्कि आलोचनात्मक दृष्टि रखकर दलित साहित्यकारों ने पुनर्मूल्यांकन की जद्दोजहद शुरू की है, जिससे जड़ता टूटी है। साहित्य आधुनिकता और समकालीनता की ओर अग्रसर हुआ है।

वर्ण-व्यवस्था के अमानवीय बन्धनों ने शताब्दियों से दलितों के भीतर हीनता भाव को पुख्ता किया है। धर्म और संस्कृति की आड़ में साहित्य ने भी इस भावना की नींव सुदृढ़ की है। ऐसे सौन्दर्यशास्त्र का निर्माण किया गया जो अपनी सोच और स्थापनाओं में दलित-विरोधी है। जो समाज के अनिवार्य अन्तर्सम्बन्धों को खंडित करने में सहायक रहा है।

ऐसे प्रतिकूल, नैराश्यपूर्ण क्षणों में भी दलित कवियों ने हीन भावना का त्याग करके सजगता और सतर्कता से विसंगतियों और विषमताओं के बीच दलित साहित्य को जीवन सरोकारों से जोड़ा। दलित कवि साहित्य के मूलभूत प्रयोजनों से साक्षात्कार करता है। यह दलित कवि की सहज और अनिवार्य प्रतिबद्धता है, जो उसकी रचनात्मक ऊर्जा है।

सन्दर्भ

1. मोहनदास नैमिशराय—साहित्य और संस्कृति में दलित अस्मिता और पहचान का सवाल, नया पथ, अंक 24-25, जुलाई-सितम्बर, 1997, पृष्ठ 104-5
2. रमणिका गुप्ता—सम्पादकीय, खरी-खरी बात, युद्धरत आम आदमी, अंक 41-42, 1998, पृष्ठ, VIII
3. डॉ. गंगाधर पानतावणे—अम्बेडकरवाद : दलित साहित्य की प्रेरणा : शिखर की ओर (सं.—डॉ. एन. सिंह), 1997, पृष्ठ—300
4. डॉ. एन. सिंह—हिन्दी दलित कविता, पश्यन्ति, अंक अप्रैल-जून, 1998, पृष्ठ 43
5. रजतरानी मीनू—नवें दशक की हिन्दी दलित कविता, प्रकाशक—दलित साहित्य

प्रकाशन, नई दिल्ली

6. अर्जुन डाँगले—दलित साहित्य : एक अभ्यास, 1978, महाराष्ट्र राज्य साहित्य संस्कृति मंडल, पृष्ठ दो
7. वही, पृष्ठ 31
8. हरिशंकर परसाई—परिवर्तन की चेतना का सबसे सशक्त माध्यम—प्रभाकर चौबे से बातचीत, वसुधा, अंक 41, जून, 1998, पृष्ठ 93
9. डॉ. राणाप्रताप—हिन्दी में दलित चेतना : शिखर की ओर (सं. डॉ. एन. सिंह), 1997, पृष्ठ 312
10. रमणिका गुप्ता—सम्पादकीय, खरी-खरी बात, युद्धरत आम आदमी, अंक 41-42, 1998, पृष्ठ IX

दलित चेतना

हिन्दी साहित्य में जिन सरोकारों को महत्त्व दिया गया है, उनसे 'दलित' अपने आपको अलग पाता है। वह उन आदर्शों, मान्यताओं, स्थापनाओं को अपने विरुद्ध पाता है जिन्हें साहित्य में स्थापित करने के प्रयास होते रहे हैं। प्रेमचन्द अपनी एक टिप्पणी में कहते हैं कि, 'संस्कृति अमीरों का, पेट भरों का, बेफिक्रों का व्यसन है, दरिद्रों के लिए प्राणरक्षा ही सबसे बड़ी समस्या है। उस संस्कृति में था क्या जिसकी वे रक्षा करें। जब जनता मूर्छित थी तब उस पर धर्म और संस्कृति का मोह छाया हुआ था, ज्यों-ज्यों उसकी चेतना जाग्रत होती जाती है, वह देखने लगती है कि यह संस्कृति लुटेरों की संस्कृति थी, जो राजा बनकर, विद्वान बनकर, जगतसेठ बनकर जनता को लूटती है।' ऐसी सांस्कृतिक विरासत का विरोध करना दलित चेतना के सरोकारों में शामिल है। यथार्थ और जीवन की सच्चाइयों से कटकर वर्तमान से निरपेक्ष भाव रखनेवाला साहित्य निर्जीव ही कहा जाएगा।

दलित चेतना का सरोकार इस प्रश्न से बहुत गहरे तक जुड़ा है

कि 'मैं कौन हूँ ?' मेरी पहचान क्या है ? इसी सवाल से दलित लेखक की रचनाशीलता को ऊर्जा मिलती है।

दलित की व्यथा, दुःख, पीड़ा, शोषण का विवरण देना या बखान करना ही दलित चेतना नहीं है, या दलित पीड़ा का भावुक और अश्रु-विगलित वर्णन, जो मौलिक चेतना से विहीन हो, चेतना का सीधा सम्बन्ध दृष्टि से होता है जो दलितों की सांस्कृतिक, ऐतिहासिक, सामाजिक भूमिका की छवि के तिलस्म को तोड़ती है। वह है दलित चेतना। दलित मतलब मानवीय अधिकारों से वंचित, सामाजिक तौर पर जिसे नकारा गया हो। उसकी चेतना यानी दलित चेतना।

यही दलित चेतना दलित साहित्य की अन्तःऊर्जा में नदी के तेज बहाव की तरह समाविष्ट है, जो उसे पारम्परिक साहित्य से अलग करती है। दलित चेतना पर विमर्श करने से पूर्व भारतीय समाज-व्यवस्था पर ध्यान देना आवश्यक है। भारतीय समाज-व्यवस्था को समझे बगैर दलित चेतना की तीव्रता का अहसास कठिन है। हजारों वर्ष की प्रताड़ना, शोषण, द्वेष, वैमनस्य और भेदभाव से दबा दलित अपनी अस्मिता की खोज के लिए जागरूक दिखाई पड़ता है। ऐतिहासिक परिदृश्य में उसे अपनी पहचान कहीं दिखाई नहीं पड़ती। अतीत उसके लिए नर्क से भी भयावह है।

हिन्दी साहित्य के इतिहास में जिन दलित रचनाकारों का उल्लेख आया है वे सामाजिक बदलाव की चेतना जगा पाने में असमर्थ रहे हैं। पारम्परिक आदर्शों एवं मान्यताओं से भिन्न उनकी मान्यताएँ या सोच दूरगामी परिणाम नहीं दे पाईं। इतिहासकारों का कहना है कि हिन्दी के सिद्ध कवियों में अनेक दलित थे। भक्तिकाल में भी कई सन्तकवि दलित थे। लेकिन वे सामाजिक चेतना का कोई ऐसा आयाम स्थापित नहीं कर पाए जिससे दलितों में किसी परिवर्तन की सुगबुगाहट होती। सिर्फ भक्तिकाल में ही नहीं बल्कि '60 से '90 के दशक में कई रचनाकार आए लेकिन उनकी अभिव्यक्ति दलितों की पीड़ा के साथ अपनी अन्तरंगता स्थापित नहीं कर पाई। वे वर्ण-संघर्ष से परे वर्ग-संघर्ष की जद्दोजहद में शामिल होकर अपने आपको व्यापक फलक पर देखने के भ्रम को पालते रहे। वस्तुस्थिति का सामना करने के बजाए भारतीय समाज-व्यवस्था के इकहरे सपनों में खोए रहे। दलित साहित्य की दग्धता से बाहर ही रहे। दलित साहित्य के सरोकारों में

दलित चेतना की महत्त्वपूर्ण भूमिका है। इस चेतना के बिना साहित्य लिजलिजा और काल्पनिक उड़ानों से भरपूर ही माना जाएगा।

दलित चिन्तक कँवल भारती की यह मान्यता इस तथ्य को प्रमाणित करती है कि आधुनिक हिन्दी दलित साहित्य वह है जो दलित मुक्ति के सवालों पर पूरी तरह अम्बेडकरवादी है। सामाजिक, आर्थिक और राजनीतिक सभी क्षेत्रों में उसके सरोकार वे हैं जो अम्बेडकर के थे।

अभय कुमार दुबे भी इसी प्रकार के विचार व्यक्त करते हैं। उनका मानना है कि दलित साहित्य में अम्बेडकर का असली महत्त्व एक पथ-प्रदर्शक और मनोवैज्ञानिक मुक्ति द्वार पर खड़ा कर देने का महत्त्व है।

डॉ. गंगाधर पानतावणे भी इसी तथ्य पर जोर देते हैं कि दलित साहित्य की प्रेरणा न मार्क्सवाद है, न हिन्दूवाद, न नीग्रो साहित्य है। दलित साहित्य की प्रेरणा केवल अम्बेडकरवाद है।

दलित चेतना को व्यापकता देते हुए डॉ. सी.बी. भारती कहते हैं कि दलित साहित्य का सर्जक सामाजिक सरोकारों से जुड़कर जीवन की विषमताओं, धार्मिक विसंगतियों, शोषण के लिए निर्मित कृत्रिम उपादानों तथा मानव-मानव के मध्य बने अन्तराल को मापने का प्रयास करता है।

बाबूराव बागूल की धारणा है कि दलित चेतना साहित्य और आम आदमी के सम्बन्धों को व्यापकता देती है। दलित साहित्य इंसान को केन्द्र बनाता है। इंसान को महानता प्रदान करता है। इंसान प्रकृति का एक नन्हा-सा रूप है। प्रकृति हमेशा गतिशील और सृजनशील होनी चाहिए। स्वतन्त्रता, समता और बन्धुता की मूल भावना दलित साहित्य की मूल गर्भ चेतना है। दलित साहित्य की अनुभूति परम्परागत साहित्य से बिल्कुल अलग है क्योंकि दलित चेतना मनुष्य की मुक्ति की बात करती है।

गुजराती दलित कवि जयन्त परमार दलित चेतना के सन्दर्भ में अपने विचार व्यक्त करते हैं कि अम्बेडकर-दर्शन ने दलित कवियों के मन में आत्मसम्मान जाग्रत किया है; उसके फलस्वरूप जीवनानुभव को देखने और पहचानने की उनकी भूमिका विद्रोह तथा नकार से भर उठी। उसका आवेग किसी तूफान की तरह है। उसका सौन्दर्य

और उसका सामर्थ्य उसकी वेदना में है। दलित कविता का कथ्य पूर्ण तथा अनोखा है, उसमें किसी और कवि के संस्कारों की या अनुकरण की न तो कोई आवश्यकता है, न कोई गुंजाइश।

दलित चेतना डॉ. अम्बेडकर के जीवन-दर्शन से मुख्य ऊर्जा ग्रहण करती है। इस तथ्य से सभी दलित लेखक एकमत हैं। दलित चेतना के प्रमुख बिन्दु हैं—

1. मुक्ति और स्वतन्त्रता के सवालों पर डॉ. अम्बेडकर के दर्शन को स्वीकार करना।
2. बुद्ध का अनीश्वरवाद, अनात्मवाद, वैज्ञानिक दृष्टिबोध, पाखंड-कर्मकांड विरोध।
3. वर्ण-व्यवस्था विरोध, जातिभेद-विरोध, साम्प्रदायिकता विरोध।
4. अलगाववाद का नहीं, भाईचारे का समर्थन।
5. स्वतन्त्रता, सामाजिक न्याय की पक्षधरता।
6. सामाजिक बदलाव के लिए प्रतिबद्धता।
7. आर्थिक क्षेत्र में पूँजीवाद का विरोध।
8. सामन्तवाद, ब्राह्मणवाद का विरोध।
9. अधिनायकवाद का विरोध।
10. महाकाव्य की रामचन्द्र शुक्लीय परिभाषा से असहमति।
11. पारम्परिक सौन्दर्यशास्त्र का विरोध।
12. वर्णविहीन, वर्गविहीन समाज की पक्षधरता।
13. भाषावाद, लिंगवाद का विरोध।

डॉ. अम्बेडकर ने गाँव को भारतीय गणतन्त्र की अवधारणा का शत्रु माना था। उनके अनुसार हिन्दुओं की ब्राह्मणवादी और पूँजीवादी व्यवस्था का जन्म भारतीय गाँव में ही होता है। डॉ. अम्बेडकर का कहना है कि भारतीय गाँव हिन्दू-व्यवस्था के कारखाने हैं। उनमें ब्राह्मणवाद, सामन्तवाद और पूँजीवाद की साक्षात अवस्थाएँ देखी जा सकती हैं। उनमें स्वतन्त्रता, समता और बन्धुत्व के लिए कोई स्थान नहीं है। भारतीय गाँव ब्राह्मणों के लिए स्वर्ग हो सकते हैं, परन्तु दलितों के लिए तो वे नरक ही हैं। अतः दलित साहित्य भी गाँव के विकास और ग्राम पंचायत व्यवस्था का न केवल विरोधी है, बल्कि उनके विनाश में ही ब्राह्मणवाद, सामन्तवाद और पूँजीवाद का अन्त मानता है।

दलितों में अपनी अलग संस्कृति के निर्माण की भावना पनपी

है। इस संस्कृति के सवाल पर कई विद्वानों की भवें टेढ़ी हो जाती हैं। जो अभी तक दलित साहित्य की अवधारणा को ही स्वीकार नहीं कर पाए, दलित-संस्कृति के नाम से ही आहत महसूस करेंगे। भारतीय संस्कृति, हिन्दू संस्कृति, वैदिक संस्कृति, मुस्लिम संस्कृति, पाश्चात्य संस्कृति, उनके शब्दकोश में हैं लेकिन दलित संस्कृति भी कोई अलग संस्कृति है, यह उनके मन में शंकाओं को जन्म देती है।

दलितों को अस्पृश्य मानकर उन्हें समाज और धर्म से बहिष्कृत किया गया। यहाँ तक कि विद्योपार्जन पर भी रोक थी। धार्मिक संस्कार जैसे उपनयन संस्कार दलित के लिए नहीं थे। मन्दिरों में पूजा करना निषेध था। धनोपार्जन प्रतिबन्धित थे। बस्तियों से बाहर रहने को बाध्य किया जाता था। तमाम अनुष्ठानों से वंचित रखना व्यवस्था का हिस्सा था। तब उनकी भाषा, उनके संस्कार, उनका जीवन, उनकी उपासना-पद्धति, उनकी कला, उनका साहित्य, पारम्परिक साहित्य की कल्पना और मापदंडों में कैसे समाविष्ट हो सकता है। उनका अलग अस्तित्व सामाजिक, सांस्कृतिक स्तर पर साफ-साफ दिखाई पड़ता है।

उनकी संस्कृति में गुण-दोष हो सकते हैं लेकिन इतना तो निश्चित है, कल का दलित और आज का दलित भिन्न है। यही अन्तर सांस्कृतिक निष्ठा का निर्माण कर रहा है। देवी-देवताओं में श्रद्धाभाव, मन्दिर, ईश्वर, पुनर्जन्म, मनुष्य और मनुष्य के बीच घृणा भाव उत्पन्न करनेवाले धर्मशास्त्र, ग्रन्थ, महाकाव्य, नर्क-स्वर्ग, मनुष्य को गुलाम बनानेवाले प्रपंच, कर्मकांड को नकारते हुए आज का दलित अपनी अलग पहचान और संस्कृति निर्मित कर रहा है। आत्मविश्लेषण, अस्मिता की तलाश, जीवन मूल्यों की खोज, मानवीय सरोकारों की पड़ताल, आदि-आदि दलित संस्कृति के मूल आधार हैं। इन सवालों से ही दलित चेतना का उद्गम है और डॉक्टर अम्बेडकर के जीवन-दर्शन, सामाजिक-संघर्ष से ऊर्जा पाकर साहित्यिक अभिव्यक्ति में परिवर्तित हुआ है।

दलित लेखक, कवि, रचनाकार मुद्रित शब्द की शक्ति से परिचित हो चुके हैं। शब्द को शस्त्र की तरह इस्तेमाल करना भी सीख लिया है। लेकिन यह शस्त्र शिरच्छेद के लिए नहीं, ज्ञान, बुद्धि, तर्क और नैतिकता की धार से बना है।

दलित चेतना गालबजाऊ सहानुभूति, संवेदना और सम्मान से

आगे कुछ पाना चाहती है। उसके सामने हजारों वर्ष की 'अमानवीय व्यवस्था' अपनी मजबूत किलेबन्दी बनाकर खड़ी है जो कदम-कदम पर उसे छल रही है। अस्मिता की इस तलाश में मात्र साहित्य की बारीकियों, तथाकथित कलात्मक सौन्दर्यबोध, जिसे ब्राह्मणवादी सोच ने विकसित किया है, उसे बहला नहीं रहे हैं। उसे अधिकार, अवसर और सत्ता में भागीदारी चाहिए। साहित्य के निष्कर्षों, आदर्शों को खँगालने, पुनर्मूल्याकंन करने की आवश्यकता दलित-रचनाकार तीव्रता से महसूस करता है। यथास्थिति को विकल्पहीन नियति बना देनेवाले साहित्य-शास्त्र को दलित चेतना अस्वीकार करती है। उसे नकारती है।

सन्दर्भ

1. कँवल भारती—दलित साहित्य की अवधारणा, युद्धरत आम आदमी, अंक 41-42, 1998 पृष्ठ 90
2. अभय कुमार दुबे—दलित चेतना नए शहर की तलाश में, शिखर की ओर (सं. डॉ. एन. सिंह), 1997, पृष्ठ 299
3. डॉ. सी.बी. भारती—दलित साहित्य का सौन्दर्यशास्त्र, हंस (अंक 2), 1996 पृष्ठ 70-72
4. जयन्त परमार—दलित कविता, शिखर की ओर (सं. डॉ. एन. सिंह), 1997, पृष्ठ 396
5. ओमप्रकाश वाल्मीकि—दलित साहित्य सामाजिक सन्दर्भ, अंगुत्तर, अंक 1, 1993 पृष्ठ 15
6. कँवल भारती—दलित साहित्य की अवधारणा, युद्धरत आम आदमी, अंक 41-42, 1998, पृष्ठ 91

दलित पीड़ा की अभिव्यक्ति

भारतीय समाज-व्यवस्था ने दलित और गैर-दलित के सामाजिक जीवन में जो फासला निर्मित किया है, उसके परिणामस्वरूप गैर-दलित दलित जीवन और उनकी जिजीविषा की दग्धताओं से यदि अपरिचित है, तो यह आश्चर्यजनक नहीं बल्कि इस व्यवस्था का ही परिणाम है। जब वे इस जीवन की सच्चाइयों को जानते ही नहीं हैं तो उस पर जो भी लिखेंगे वह केवल बाह्य चित्रण होगा जो सहानुभूति और करुणा से उपजा हुआ होगा न कि किसी बदलाव या सन्ताप की आकांक्षा से।

दलित जीवन पर गैर-दलितों द्वारा जो लिखा गया उनमें अमृतलाल नागर के उपन्यास 'नाच्यौ बहुत गोपाल' की चर्चा अक्सर गैर-दलित आलोचक बहुत बढ़ा-चढ़ाकर करते हैं। इस उपन्यास में एक ब्राह्मण परिवार की स्त्री अपने घर में काम करनेवाले भंगी के साथ चली जाती है और उसी जमात में शामिल हो जाती है। लेखक उपन्यास में दिखाता है कि लेखक की पत्नी उस स्त्री को अपने पूजा घर में सिर्फ इसलिए

आने देती है क्योंकि उसने एक ब्राह्मण के घर जन्म लिया है। यह स्थापना लेखकीय चातुर्य है जो उसे दलित चेतना से अलग कर देती है। इस उपन्यास में यह भी सिद्ध करने का प्रयास किया गया है कि भंगी जमात के लोग कुलीन सवर्ण थे जिन्हें मुसलमानों ने दंडित करके, मार-मारकर भंगी बनाया था। यह लेखन यह सन्देश स्थापित करता है कि इस देश में मुसलमानों ने सवर्णों पर बहुत जुल्म ढाए हैं। उन्हें दलित बनाया है। अति कट्टरपन्थी हिन्दू संगठनों के प्रचार माध्यमों में भी यही बात दुहराई जाती है। इसका अर्थ निकलता है कि दलित लेखन के नाम पर गैर-दलित लेखकों ने सवर्ण लेखन ही किया है जो साम्प्रदायिक उद्देश्यों की पूर्ति करने के लिए है।

गैर-दलितों के जीवन में दलितों का प्रवेश पिछले दरवाजे के बाहर तक है। ठीक वैसे ही दलितों के जीवन में उनका प्रवेश नहीं के बराबर है। इसीलिए उनके लेखन में कल्पना अधिक है। इसी तथ्य को स्वीकार करते हुए मुद्राराक्षस कहते हैं कि 'दलित के सामाजिक अस्तित्व की परतों का खुलासा सिर्फ दलित लेखन में ही होता है।'

मुद्राराक्षस कहते हैं कि 'सवर्ण बुद्धिजीवी की समूची करुणा में कहाँ सूराख रह जाता है और कहाँ वह अन्ततः करुणा से अधिक सामन्ती उदारता बन जाती है, यह सिर्फ दलित ही जान सकता है।'

मार्क्सवादी चिन्तक शिवकुमार मिश्र का भी यही मत है : 'यह एक ऐसी सच्चाई है जिसे हमें निर्मल अन्तःकरण से स्वीकार करना चाहिए। हिन्दी या अन्यान्य भाषाओं में दलितों के बारे में जो भी लिखा गया है, नामी-गिरामी रचनाकारों द्वारा भी, उसकी अपनी सीमाएँ हैं। वह अधिकांशतः उदार मानसिकता और मानवतावादी चेतना के सवर्ण रचनाकारों द्वारा ही लिखा गया है। इस लेखन में दलित जीवन की सच्चाइयाँ और उसका यथार्थ जरूर सामने आया है, किन्तु अपवादों को छोड़कर प्रायः इसमें दलितों की नारकीय जीवन-स्थितियों, उनके प्रति बरते जानेवाले सामाजिक भेदभाव एवं शक्तिसम्पन्नों तथा सवर्णों द्वारा किए जानेवाले उनके उत्पीड़न पर या तो आँसू बहाए गए हैं, उन पर दया और सहानुभूति प्रकट की गई है, या फिर अधिक-से-अधिक इस उत्पीड़न के जिम्मेदार व्यक्तियों, वर्गों और संस्थाओं आदि की आलोचना की गई है। चली आ रही सामाजिक संरचना में दलितों की सामाजिक हैसियत निश्चित करनेवाले उन्हें नरकवास की नियति

देनेवाले, इस अमानवीय सामाजिक विधान के कर्ताओं तक उनके धर्मशास्त्रों, उनके द्वारा स्थापित निर्मम अपराध तन्त्र और सदियों से उसे ढोने और बरकरार रखनेवाली मानसिकता और उसके हाशियों पर जिन वज्र प्रहारों की जरूरत थी, उदारता, सहिष्णुता, भाईचारे और 'वसुधैव कुटुम्बकम्' का मुखौटा लगाए, अपराध करती अभिजनों की संस्कृति और आचरण को असलियत में दुःख, ग्लानि, पश्चात्ताप और सात्विक आक्रोश के साथ, समूचे विश्व के समक्ष उजागर करने का जो नैतिक दायित्व था, तथा दलितों के वजूद, उनकी सामाजिक हैसियत, उनके संघर्ष, उनके श्रम, उनके अधिकारों और उनकी आकांक्षाओं के बरक्स जिस पक्षधरता के साथ, सवर्ण मानसिकता और उसे पोषित करनेवाले विधानों के खिलाफ रचनात्मक हस्तक्षेप, जिस रचनात्मक मुठभेड़ की दरकार थी, वह सब पूरी सदी के भारतीय परिदृश्य में नहीं हो सका।'

राजेन्द्र यादव की मान्यता है कि 'हाशिए के लोग अपनी जमीन और जीवन-स्थितियों से जितने जुड़े हैं, उतने मुख्यधारावाले हिन्दी लेखक नहीं।' इस वक्तव्य से जो ध्वनि निकलती है, वही दलित साहित्य को जीवन्त बनाती है।

कई विद्वानों, रचनाकारों, आलोचकों का मत है कि दलितों पर लिखने के लिए दलित होना जरूरी नहीं है। उनका तर्क है कि घोड़े पर लिखने के लिए घोड़ा होना जरूरी नहीं है। लेकिन दलित लेखक इस तर्क से सहमत नहीं हैं। घोड़े की पीड़ा को समझे बगैर, उसका बाह्य-चित्रण उसकी भावनाओं का काल्पनिक रेखांकन भर ही होगा। थका-माँदा, भूखा-प्यासा घोड़ा अपने मालिक के प्रति क्या भाव रखता है, इसे सिर्फ घोड़ा ही बता सकता है।

इसी प्रकार दलितों ने हजारों वर्ष की सामाजिक यातना में जो भोगा है, उनके जो अनुभव हैं, उन्हे गैर-दलित जान ही नहीं पाता है। इसीलिए उसकी पीड़ा के साक्षात्कार की उनकी कल्पना अधूरी होती है। यही वजह है कि हिन्दी साहित्य में दलितों की पक्षधरता का दम्भ भरनेवाले लेखकों की रचनाएँ सिर्फ सहानुभूतिपरक या फिर करुणाजन्य होती हैं, किसी बदलाव की प्रक्रिया को तीव्रता देने के लिए नहीं। बदलाव तथा क्रान्ति की स्थितियाँ आने से पूर्व ही या तो ऐसे रचनाकार पाला बदल लेते हैं या फिर यथास्थिति बनाए रखने

में मदद देते हैं। प्रेमचन्द के उपन्यास 'रंगभूमि' का सूरदास हो या गिरिराज किशोर के 'परिशिष्ट' का नायक, परिवर्तन बिन्दु पर पहुँचते ही वे पलायन कर जाते हैं या समझौता करके आदर्शवाद का उदाहरण बन जाते हैं। यही स्थिति 'धरती धन न अपना' (जगदीश चन्द्र) में भी है। तमाम सम्भावनाओं और संघर्षशील चरित्र की उम्मीदों के बीच नायक अचानक पलायन कर जाता है।

दलित लेखक इन स्थितियों का सामना करते हुए इस निष्कर्ष पर पहुँचे हैं कि दलितों की पीड़ा दलित ही समझ सकता है, वही उस पीड़ा का प्रामाणिक प्रवक्ता भी है।

राजेन्द्र यादव इस तथ्य को स्वीकारते हैं। उनका कहना है कि 'दलित लेखकों की यह जिद है कि नुमाइन्दगी या प्रतिनिधित्व की यह राजनीति बहुत दूर और देर तक उनकी बात नहीं कह सकती। दुनिया का कोई वकील, अपनी सारी निष्ठा और ईमानदारी या कानूनी पैंतरेबाजी के बावजूद वादी की तड़प, यातना और गुस्से को नहीं बता सकता, जितना वे स्वयं व्यक्त कर सकते हैं।'

दलित साहित्य पर टिप्पणी करते हुए वे कहते हैं कि 'दलित साहित्यकारों की यह मजबूरी है कि वे सिर्फ अपने निजी अनुभवों को जमीन पर जीने के संघर्षों और स्थितियों का इन्दराज करें...हाँ, सबसे निचली गहराइयों से उछल-उछलकर आनेवाली ये तस्वीरें इतनी खौफनाक हैं कि सारे समाज को दहलाकर रख देती हैं। अपने से ऊपरवालों और वर्ण-व्यवस्था की सामन्ती नृशंसताओं के पूरे तन्त्र को रख, झकझोर देनेवाली ये आत्मकथाएँ पहले के सवर्ण कथाकारों द्वारा लिखी गई 'हरिजन-कथाओं' की प्रासंगिकता पर प्रश्नचिह्न तो लगाती ही हैं, कि वे तो सिर्फ 'हरिजन-कथाएँ' और शूद्रों की दयनीय स्थितियों पर भावुक हमदर्दी तक सीमित हैं। दलित-कथाएँ उन स्थितियों से प्रतिरोध और उन्हें बदलने के संकल्पों और प्रतिशोध की कहानियाँ हैं।'

इसी विचार से डॉ. मस्तराम कपूर भी सहमत हैं। उनकी मान्यता है कि 'हिन्दी में दलित पात्र भी अधिकतर सवर्णों के निमित्त हैं। या तो वे सवर्णों में करुणा जमाने के लिए हैं या उनका संस्कार करने के लिए, उनकी उदारता, महानता या नीचता दिखाने के लिए। दूसरे शब्दों में वे 'सबजेक्ट' नहीं बने, 'आब्जेक्ट' ही रहे।'

समीक्षक परमानन्द श्रीवास्तव दलित साहित्य के अलग सौन्दर्यशास्त्र को नकारते हैं। साथ ही इस तथ्य से भी इन्कार करते हैं कि दलित साहित्य सिर्फ दलित ही लिख सकता है। या दलित की पीड़ा को सिर्फ दलित ही व्यक्त कर सकता है।

नामवर सिंह का भी यही मत है—'दलित होना एक व्यक्ति की ऐसी हकीकत है, जन्मना दलित होने के कारण अनुभव के जिन आसंगों से एक आदमी को गुजरना पड़ता है, उसका प्रत्यक्ष अनुभव स्वयं दलित के जैसा है, अपनी पूरी अनुभूतियों व कल्पना का विस्तार करने के बावजूद मैं, जो एक गैर-दलित हूँ उस अनुभव को उसी तीव्रता और तनाव से आपको अनुभव नहीं करा सकता।' नामवर का यह वक्तव्य एक साक्षात्कार में होता है, लेकिन अगले ही क्षण उनका अन्तर्विरोध भी उभर आता है। वे कहते हैं कि 'कोई लेखक दलित कुल में जन्म लेने से ही दलित चेतना का संवाहक नहीं हो जाता है...जन्मना दलित ही दलित चेतना का प्रतिनिधि होगा, दूसरा कोई नहीं, गलत है।'

हिन्दी के स्थापित आलोचकों, समालोचकों, विद्वानों की यही स्थिति है। वे दोहरे मापदंडों में जीते हैं। पल-पल उनके विरोधाभास उजागर होते हैं, फिर भी वे एक साथ मार्क्सवादी, प्रगतिशील, सामन्ती, परम्परावादी, गाँधीवादी, व्यवस्थापोषक, सनातनी, बने रहते हैं। चाहे नामवरजी हों या रामविलास शर्मा, या परमानन्द श्रीवास्तव या फिर विष्णुचन्द्र शर्मा, उनकी दृष्टि में निराला, तुलसीदास ही छाए हुए हैं। निराला प्रगतिशील चेतना के कवि हैं। लेकिन वे यह नहीं बताते हैं कि 'राम की शक्तिपूजा' और 'तुलसीदास' कविताओं के केन्द्रीय भाव क्या हैं ? उनमें प्रगतिवाद की स्थिति क्या है ? प्रश्न अनुत्तरित ही रहता है। या फिर ऐसा शब्दजाल जो किसी भी निष्कर्ष पर पहुँचने से पूर्व ही आँय-बाँय हो जाता है, बदलाव की स्थितियों को यथास्थिति में परिवर्तित कर उसे और अधिक सुदृढ़ कर देता है। इन तथ्यों पर ध्यान दिए बगैर दलित साहित्य की अभिव्यंजना को समझना कठिन है। ऐसा ही प्रश्न है कि महादेवी वर्मा की 'नीर भरी दुःख की बदरी' की पीड़ा का स्रोत क्या है ? कवियित्री उस स्रोत से टकराती भी है या नहीं ?

इन विरोधाभासों पर दलित लेखक बार-बार पूर्व साहित्य के पुनर्मूल्यांकन की बात उठाते हैं तथा उन आदर्शों, साहित्यिक मूल्यों

को खारिज करते हैं, जो झूठ के वाक्जाल में लपेटकर स्थापित किए गए हैं। साथ ही यह भी मानते हैं कि किसी भी रचनाकार की एक-दो रचनाओं के आधार पर नहीं बल्कि सम्पूर्ण लेखन के केन्द्रीय भाव, विचार, मूल्यों पर ही किसी रचनाकार का मूल्यांकन होना चाहिए।

भारतीय साहित्य में ऐसे प्रतीकों की भरमार है जो दलितों में हीनताबोध पैदा करते हैं। आज भी इन शब्दों और प्रतीकों को गैर-दलित अनदेखा करने का प्रयास करते हैं। यानी सत्य को स्वीकार करने के बजाय उसे झूठ साबित करते हैं।

जब यह कहा जाता है कि दलित की पीड़ा सवर्ण नहीं समझ सकता है तो वह सिर्फ चौंकता ही नहीं है, यह तथ्य उसे गाली की तरह लगता है, जो उसके अहंभाव को विखंडित करता है। साहित्य उसके लिए कल्पनाओं की विस्तृत ऊँचाई है, जहाँ खड़े होकर कल्पना के बलबूते पर वह तमाम दुनिया के यथार्थ को देख लेने की क्षमता रखने का भ्रम पाले हुए है। उसे खीझ होती है, जब कोई उसकी इस क्षमता और सामर्थ्य पर उँगली उठाता है। यहाँ यह कहना भी अप्रासंगिक नहीं होगा कि तथाकथित मुख्यधारा का निर्माता अपने विरुद्ध खड़ी हर असहमति को अपना घोर प्रतिद्वन्द्वी समझता है। आत्ममुग्धता के फ्रेम में वह सिर्फ अपनी ही तस्वीर देखने का अभ्यस्त है। इसी नजरिए से वह दलित साहित्य पर यह आरोप चस्पाँ करता है कि वे दलित बोध के संकीर्ण दायरे से बाहर नहीं आते हैं। जबकि वस्तुस्थिति ठीक इसके विपरीत है। हिन्दी के महान रचनाकार भी अपने जातीय संस्कारों से बँधे हुए हैं। जिन्हें सार्वभौम और शाश्वत मूल्य कहा जा रहा है, वे ब्राह्मणवादी एवं सामन्ती सोच के मूल्य हैं। पन्त हो या महादेवी, या फिर निराला, प्रसाद के चिन्तन की धारा क्या है ? वर्ण-व्यवस्था के प्रति उनका दृष्टिकोण क्या है ? ब्राह्मणवाद पर वे क्या सोचते हैं ? इन तमाम तथ्यों पर गहन विश्लेषण एवं गम्भीर अध्ययन, मनन और उन्हें व्याख्यायित करने की आवश्यकता है जिसे समीक्षक अनदेखा ही करते रहे हैं।

गैर-दलित परम्परावादी समीक्षक दलित साहित्य पर कई प्रकार के आरोप लगाते हैं—कभी भाषा को लेकर अश्लीलता और अरुचिकर, असम्भ्रांतता का आरोप, तो कभी रचना के शिल्प और सौन्दर्य को लेकर अनगढ़ता और कच्चेपन का आरोप। ये आरोप पूर्वग्रहों की

प्रतिक्रिया से उत्पन्न होते हैं।

डॉ. अरुण प्रभा मुखर्जी लिखती हैं : '...जब लेखक और पाठक जातीय, वर्गीय, वंश एवं लिंग के आधार पर विभक्त हों, तब सौन्दर्यपरक गुणवत्ता से कोई फर्क नहीं पड़ता...मैं यह अनुभव करती हूँ कि यह लेखन (दलित) मुझे उस दुनिया के सच के बारे में बता रहा है, जिसमें मैं रहती हूँ। जहाँ तक अनगढ़ता का सम्बन्ध है, यह सच नहीं है कि इन रचनाओं में भाषिक एवं संरचनात्मक जटिलता नहीं है, वे दक्षतापूर्वक कई प्रकार के स्वर, भावाभिव्यक्तियाँ, उपहास परकता, व्यंग्य एवं विडम्बना प्रस्तुत करते हैं। साथ ही उच्चवर्णीय साहित्य एवं पुराणों से संकेत लेकर उन्हें परिवर्तित करके प्रयोग करते हैं...!'

दलित रचनाकार अपने परिवेश एवं समाज के गहरे सरोकारों से जुड़ा है। वह अपने निजी दुःख से ज्यादा समाज की पीड़ा को महत्ता देता है। जब वह 'मैं' शब्द का प्रयोग कर रहा होता है तो उसका अर्थ 'हम' ही होता है। सामाजिक चेतना उसके लिए सर्वोपरि है। अपने समाज के दुःख-दर्द उसे ज्यादा पीड़ा देते हैं। उनके उन्मूलन के लिए ही उसने लेखन का रास्ता चुना है। अपनी अभिव्यक्ति में वह समाज की पीड़ा उकेर रहा है। इसीलिए वह ज्यादा प्रामाणिक है। इस पीड़ा की सहज और ईमानदार अभिव्यक्ति ने ही दलित पाठकों का एक वर्ग तैयार किया है। ये पाठक इस साहित्य को ऊर्जावान बनाते हैं। हिन्दी के लेखक जहाँ पाठकों का रोना रोते हैं, वहीं दलित साहित्य के पाठकों में निरन्तर वृद्धि हो रही है। जबकि दलितों में शिक्षा का प्रतिशत गैर-दलितों की तुलना में नगण्य है, इसके बावजूद महानगरों से लेकर छोटे शहरों, कस्बों, गाँव-देहात में दलित पाठक साहित्य से जुड़े हैं।

दलित साहित्य में अन्तर्निहित पीड़ा एवं चेतना को वे स्वयं से जुड़ा पाते हैं। उन्हें अपनत्व भाव महसूस होता है। यह तभी सम्भव है जब रचना में अभिव्यक्त पीड़ा प्रामाणिक हो। भाषा के स्तर पर भी दलित साहित्य की अभिव्यंजना ज्यादा सजीव है। क्योंकि एक दलित की पीड़ा जिस सघनता से दूसरा दलित अनुभव कर सकता है, अन्य नहीं। इसलिए जब यह कहा जाता है कि एक दलित ही दलित पीड़ा की अभिव्यक्ति कर सकता है, तो कुछ भी गलत नहीं

है। अब तक लिखा गया साहित्य, चाहे वह दलित ने लिखा हो या गैर-दलित ने, इसका प्रमाण है।

दलित साहित्य पर होनेवाली चर्चाओं में यह बात बार-बार उभरती है कि हिन्दी आलोचना की मुख्यधारा का दलित लेखन के प्रति दृष्टिकोण परिपक्व नहीं है। यह बात कहने-सुनने में हो सकता है हास्यास्पद लगे, लेकिन हिन्दी के हर बौद्धिक विमर्श में दलित लेखन को लेकर जो सवाल उठाए जाते हैं, वे वक्त के आगे प्रागैतिहासिक काल के होते हैं।

ऐसा ही यह सवाल भी है कि क्या दलित पीड़ा की अभिव्यक्ति के लिए दलित होना जरूरी है ? इस सवाल पर टिप्पणी करते हुए रवीन्द्र त्रिपाठी लिखते हैं कि 'जो लोग यह मानते हैं कि दलितों के बारे में लिखने के लिए दलित होना कतई जरूरी नहीं है और हर लेखक अपनी सहज संवेदनशीलता की वजह से किसी दलित लेखक की तरह दलित साहित्य लिख सकता है, यह निष्कर्ष सही नहीं है। दरअसल साहित्य या कला में कोई एक सिद्धान्त सच नहीं होता। जिस तरह का तर्क दलित लेखन के बारे में दिया जाता है इसी तरह के तर्क कभी पश्चिमी साहित्य में नारीवादी लेखन के बारे में कुछ लोगों ने दिए थे...नारीवादी लेखन के आलोचनात्मक विमर्श में यह बहस वर्षों चली और नारी के अनुभव से रचे साहित्य की विशिष्टता स्वीकारो गई। इसका कारण यह था कि साहित्य सिर्फ अमूर्त धारणा भर नहीं है, बल्कि उसके पीछे ठोस भौतिक वजह भी है। भौतिक जगत में घटे इसी अनुभव के कारण हर अनुभवबद्ध लेखन का विशिष्ट महत्त्व है।'

साहित्य में आ रहे परिवर्तनों की ओर संकेत करते हुए रवीन्द्र त्रिपाठी का यह भी मानना है कि 'इस समूह के पास न सिर्फ अपने विशिष्ट अनुभव हैं बल्कि नई भाषा, नए मुहावरे, नए बिम्ब और अभिव्यक्ति के नए औजार हैं। इनके कारण जो नया साहित्य लिखा जा रहा है, उसका आस्वाद भी बदल गया है, इससे जो लोग यह निष्कर्ष निकालते हैं कि दलित लेखन के लिए दलित होना जरूरी नहीं है, वे साहित्य के रचे जाने के कारणों को ही नजरअन्दाज करते हैं। साहित्य कई वजहों से लिखा जाता है और यह जरूरी नहीं है कि अब तक जिन वजहों से लिखा जाता रहा है, आगे भी सिर्फ उन्हीं

वजहों से लिखा जाता रहेगा।'

दलित चेतना और दलित साहित्य पर टिप्पणी करते हुए एक साक्षात्कार में बहुचर्चित कवि वेणुगोपाल कहते हैं कि 'दलित चेतना तभी आएगी हिन्दी में जब दलित वर्ग का कोई कवि अपने पूरे ताप के साथ हिन्दी में लिखने लगेगा।' इसी साक्षात्कार में वे आगे कहते हैं कि 'दलित कवि दलित वर्ग से जब आएगा वह फार्म और कंटेंट दोनों स्तरों पर यह जो विश्वविद्यालयीन मान चल रहा है, प्रतिमान है, इनकी ऐसी-तैसी करता हुआ लिखेगा।'

वेणुगोपाल ने जिस 'ताप' की ओर संकेत किया है, जिन मापदंडों, प्रतिमानों को तहस-नहस करने की ओर इशारा कर रहे हैं, वे वही तत्त्व हैं जो हिन्दी साहित्य को जड़ बना रहे हैं। जन्मना दलित समाज की उन तमाम विसंगतियों से जूझते हुए, संघर्ष करते हुए कर्म-क्षेत्र में उतरता है, जहाँ उसका सामना विपरीत धारा से होता है। बहाव के साथ तैरते हुए जाना आसान होता है, धारा के विपरीत तैरना कष्टप्रद होता है। दलित लेखक इस धारा के विरुद्ध चल रहा है। उसके भीतर जो आक्रोश पनपता है, वही इसे ऊर्जा देता है। तभी वह दलित की पीड़ा को ज्यादा प्रामाणिक ढंग से अभिव्यक्त कर पाता है।

भोगे हुए यथार्थ की प्रामाणिकता के तर्क को कुछ समालोचक भले ही सवालों के घेरे में रखकर खारिज करते हों, परन्तु इतना तो साफ है कि भारत-विभाजन की हृदय-विदारक त्रासदी पर भीष्म साहनी (तमस), यशपाल (झूठा-सच) ही क्यों महत्त्वपूर्ण रचनाएँ दे पाए। क्यों बनारस, इलाहाबाद के मठाधीश इस त्रासदी पर कलम चलाने में असमर्थ रहे। दलित साहित्य की प्रामाणिक अभिव्यक्ति जिन दग्ध अनुभवों पर निर्मित होती है उसे समझने के लिए इन सवालों को समझना होगा।

महानगरीय व्यस्तता या कॉफी हाउसों, विश्वविद्यालयों के बन्द कमरों में बहस करनेवाले रचनाकार दलितों की संघर्षशीलता, उनकी पीड़ा, व्यथा और जीवन की आन्तरिक विषमताओं को कितना जान पाते हैं ? उनके पास माध्यम क्या है, यह सब जानने का ? गैर-दलित रचनाकारों के सामाजिक सरोकार इस पीड़ा को समझने में कितनी मदद करते हैं ?

डॉ. चमनलाल भी दलित साहित्य की इस मान्यता पर टिप्पणी करते हुए कहते हैं कि 'दलित साहित्य की अवधारणा या इसके व्यवहारिक रूप में यह तो सही है कि दलित जीवन की प्रामाणिक अभिव्यक्ति वह लेखक कर सकता है जिसे इसका निकट अनुभव प्राप्त हो। यह भी सच है कि जिसकी बिवाई फटी होती है उसी को उसकी पीड़ा भी अधिक अनुभव होती है। लेकिन जो डॉक्टर फटी बिवाई का इलाज करता है, उसे फटी बिवाई की पीड़ा का स्वयं अनुभव हो भी यह जरूरी नहीं है। कम-से-कम इलाज करते समय उसकी भी बिवाई फटी हो यह जरूरी नहीं है। वास्तव में दलित साहित्य की अवधारणा एक अत्यन्त व्यापक अवधारणा है, जिसे जातिगत दायरों में सीमित करना एक तरीके से इस साहित्यधारा के मित्रों को व इस धारा को वस्तुगत रूप से नुकसान पहुँचाना ही ठहरता है।'

डॉ. चमनलाल की यह धारणा नितान्त ही एकांगी है और उनकी अपनी ही मान्यताओं में विरोधाभास उत्पन्न कर रही है। क्योंकि यहाँ रोगी और चिकित्सक की मनोदशा को एक ही माना गया है। चिकित्सक रोगी का उपचार चाहे जितनी ईमानदारी से करे, उस पीड़ा का अहसास डॉक्टर को वैसा ही नहीं हो सकता जैसा रोगी को है। इसी अन्तर को आधार बनाकर दलित अभिव्यक्ति की अनुभवसिक्त प्रामाणिकता को समझा जा सकता है।

अक्सर यह भी देखने में आता है कि गैर-दलित लेखक ही नहीं, बल्कि हिन्दी क्षेत्र के बुद्धिजीवी भी दो-चार दलित जातियों के अलावा इनके विषय में सामान्य-सी जानकारी रखते हैं। उत्तर भारत के हिन्दी लेखकों का परिचय सिर्फ भंगी, चमार और पासी या बहुत हुआ तो खटीक से ही होता है। इसके अलावा और भी अनेक जातियाँ हैं जिनके विषय में वे नहीं जानते। इसीलिए वे बार-बार इन गिनी-चुनी जातियों का वही खाका प्रस्तुत करते हैं, जो हजारों साल से बना है। उनके जीवन के उन पहलुओं को नहीं जानते, जो उनके आन्तरिक जीवन से जुड़े हैं। इसीलिए दलित जीवन की दग्धता पर उन्हें विश्वास ही नहीं होता है। दलित-आत्मकथाओं की प्रामाणिकता पर भी वे इसीलिए सवाल उठाते हैं। उन्हें यह सब अतिरंजनापूर्ण लगता है। जिस दुःखद सच्चाई को वहन करते हुए दलित अपना जीवन गुजार देता है, उसे समझने के लिए सिर्फ सहानुभूति ही काफी नहीं है बल्कि उन स्थितियों

में बदलाव के लिए छटपटाहट चाहिए, जिसे दलित जानता है। दूर खड़ा व्यक्ति सिर्फ आँसू टपकाकर अपनी संवेदनाएँ प्रकट कर सकता है। लेकिन बदलाव का अस्त्र नहीं बन सकता। ऐसा क्षण आते ही उसकी प्राथमिकताएँ बदल जाती हैं। कभी-कभी यह संवेदना एक साजिश का अंग भी होती है वर्चस्व कायम रखने की साजिश।

समीक्षक मैनेजर पांडेय का यह कथन इस प्रमाण की पुष्टि करता है कि 'राख ही जानती है जलने का दर्द, दलित होने की पीड़ा सिर्फ दलित जानता है।'

सन्दर्भ

1. मुद्राराक्षस—दलित लेखन और सवर्ण रचना संसार, उत्तर प्रदेश, साहित्यिक वार्षिकी, जून, 1997, पृष्ठ 9
2. शिवकुमार मिश्र—दलित साहित्य का अन्दोलन और हिन्दी क्षेत्र, नया पथ, अंक 24-25, 1997, पृष्ठ 93-94
3. राजेन्द्र यादव—तेरी-मेरी-उसकी बात, हंस, अगस्त, 1998, पृष्ठ 4
4. राजेन्द्र यादव—वही, पृष्ठ 7
5. डॉ. मस्तराम कपूर—दलित साहित्य दिशा, दृष्टि, और विचार, शिखर की ओर (सं. डॉ. एन. सिंह), 1997, पृष्ठ 344
6. नामवर सिंह—बातचीत : दलित चेतना और दलित साहित्य, नया पथ, अंक 26, 1998, पृष्ठ 12 एवं 13
7. डॉ. अरुण प्रभा मुखर्जी—The Emergence of Dalit writing-Toronto Review, Vol-16, No-2, winter-1998, Page 41
8. रवीन्द्र त्रिपाठी—दलित साहित्य और अनुभव, जनसत्ता, दिल्ली, 21 अगस्त, 1998, पृष्ठ 7
9. वेणुगोपाल—बहस को मैं तेज धार ब्लेड से चीर देता हूँ—साक्षात्कार, पहल अंक, 55, जनवरी-फरवरी-मार्च, 1997, पृष्ठ 202
10. डॉ. चमन लाल—दलित साहित्य, विचारणीय मुद्दे, कदम, अंक-2-3, अप्रैल-अक्टूबर, 1998, पृष्ठ 64

दलित साहित्य का सौन्दर्यशास्त्र

हिन्दी साहित्य का सौन्दर्यशास्त्र संस्कृत और पाश्चात्य सौन्दर्यशास्त्र पर आधारित है। इसीलिए उसकी कसौटियाँ दलित साहित्य के मूल्यांकन में अक्षम साबित होती हैं।

संस्कृत साहित्य का मूल आधार सामन्तवादी एवं ब्राह्मणवादी दृष्टिकोण है। उसी प्रकार पाश्चात्य साहित्य की सौन्दर्यदृष्टि भी पूँजीवादी एवं सामन्तवादी है।

पाश्चात्य सौन्दर्यशास्त्र के हिन्दी साहित्य पर प्रभाव को लेकर डॉ. मस्तराम कपूर की टिप्पणी ध्यान आकर्षित करती है। उनका मानना है—'पश्चिमी साहित्यशास्त्र के सम्पर्क में आने के बाद भी हमने अपनी धारणाओं पर पुनर्विचार नहीं किया, बल्कि उसकी जैसे-तैसे अपने साहित्य के साथ संगति बैठाने की कोशिश की। रामचन्द्र शुक्ल ने यह काम इतनी चतुराई से किया कि पश्चिमी शास्त्र की अवधारणाओं को भारतीय साहित्यशास्त्र की मूल धारणाएँ बना दिया। रस की सिद्धावस्था, साधनावस्था, साधारणीकरण और कविता का भावयोग

आदि शब्द इसे इंगित करते हैं।

सौन्दर्यशास्त्र के इस घालमेल से हिन्दी समीक्षा अपनी मौलिक पहचान नहीं बना पाई और न ही हिन्दी साहित्य की अन्तर्वेदना का सही मूल्यांकन कर पाई। संस्कृत साहित्य के प्रति हिन्दी लेखकों का मोह संस्कारगत था। उनकी सामाजिक, धार्मिक सोच उन्हें संस्कृत साहित्य की ओर ही आकर्षित करती थी जबकि हिन्दी साहित्य के विकास की स्थितियाँ संस्कृत साहित्य से भिन्न थीं, परिवेश भिन्न था। जहाँ सिद्ध कवियों, नाथों का जीवन और उनकी अभिव्यक्ति उन्हें संस्कृत साहित्य से अलग करती थी, वहीं उनके मूल्य और आदर्श भी भिन्न थे। फिर भी हिन्दी साहित्य के मूल्यांकन के लिए संस्कृत साहित्य को ही आधार बनाया गया। इसका कारण ब्राह्मणवादी सोच का वर्चस्व हिन्दी साहित्य की मूल प्रवृत्ति को संस्कृतनिष्ठ बनाने की प्रक्रिया से गुजर रहा था।

मार्क्सवादी विचारक, चिन्तक शिवकुमार मिश्र भी इस धारणा से सहमत हैं। उनका कहना है—'जिस काव्यशास्त्र या साहित्यशास्त्र द्वारा निर्धारित प्रतिमानों से प्राणरस लेकर सदियों-सहस्राब्दियों से भारतीय रचनाशीलता विकसित और पल्लवित होती रही है, महान रचनाकारों की विश्वविख्यात रचनाएँ जिसकी कीर्तिपताका फहरा रही हैं, वह काव्यशास्त्र या साहित्यशास्त्र भी अन्ततः उसी कुलीन मानसिकता की देन है, जो हमारे सामाजिक विधान की भी स्रष्टा है। इस काव्यशास्त्र में अभिजनोचित रुचियों, रुझानों, संस्कारों और सौन्दर्यबोध का ही तो वर्चस्व है। उच्च कुलोत्पन्न, धीरोदात्त व्यक्ति ही इनमें नायकत्व का अधिकारी कहा गया है। सौन्दर्य के प्रतिमानों और भावों का गाम्भीर्य तथा उज्ज्वलता भी यहाँ अभिजनोचित रुचियों के आधार पर तय की गई है और देखी गई है।'

वर्ण-व्यवस्था और संस्कृत साहित्य से उपजी सामाजिक दृष्टि ने साहित्यिक मूल्यों को संकीर्ण दायरे में बाँधने की चेष्टा हमेशा की है। कबीर को लेकर हिन्दी आचार्यों में उहापोह की स्थिति है। हिन्दी समीक्षकों में ऐसे अनेक विद्वान हैं जो कबीर को कवि नहीं सिर्फ सन्त ही मानते हैं। उनके प्रति आचार्य रामचन्द्र शुक्ल का दृष्टिकोण जगजाहिर है। इसी प्रकार हिन्दी कवि अयोध्या सिंह उपाध्याय 'हरिऔध' लिखते हैं—कि '1901 की जनसंख्या की रिपोर्ट में

कबीरपन्थियों की संख्या 8,43,171 लिखी गई है। इनमें से अधिकांश 'नीच' जाति के हिन्दू हैं। उच्चवंश के हिन्दू नाम मात्र हैं। गुरु भी इस पन्थ के अधिकांश नीच वर्ण के हैं। त्यागी और गृहस्थ इनमें भी हैं। पर गृहस्थों की संख्या अधिक है। ये सब हिन्दू धर्म के शासन में हैं और उसी की रीति और पद्धति को बरतते हैं। केवल धार्मिक सिद्धान्तों में कबीर पन्थ का अनुसरण करते हैं। यहाँ तक कि अनेक ऐसे हैं जो हिन्दू देवी-देवताओं को पूजते हैं।'

उपरोक्त कथन में संकीर्ण सोच कूट-कूटकर भरी हुई है। एक कवि का दूसरे कवि द्वारा निर्मित पन्थ के प्रति जो नजरिया है, वह पूर्ण रूप से साम्प्रदायिक दृष्टिकोण है, जो निम्नवर्णीय वर्ग के लिए 'नीच' शब्द का प्रयोग कर रहा है जबकि कबीर हिन्दी साहित्य के एक समर्थ एवं जागरूक क्रान्तिकारी कवि हैं, जो धार्मिक आडम्बरों को तहस-नहस कर जीवन को सार्थकता की ओर ले जाने की कोशिश करते हैं।

साहित्य के ये मापदंड गलत निष्कर्षों को जन्म देते हैं। कबीर के प्रति ऐसा ही दृष्टिकोण श्यामसुन्दर दास का भी है–'मुसलमान घर में पालित होने पर भी कबीर का हिन्दू विचारों से सराबोर होना उनके शरीर में प्रवाहित होनेवाले ब्राह्मण अथवा कम-से-कम हिन्दू रक्त की ओर संकेत करता है।'

श्यामसुन्दर दास का यह मत उन्हें क्या सिद्ध करता है ? हिन्दी साहित्य के ये मूर्धन्य रचनाकार, समीक्षक, आलोचक, वैचारिक भूमि पर खड़े किन आदर्शों की पैरवी कर रहे हैं, इस पर गम्भीरता से विचार करने की आवश्यकता है। ये विचार एक दिन में निर्मित या व्यक्ति विशेष के विचार नहीं हैं बल्कि संस्कारजन्य एवं परम्पराजन्य हैं।

दलित साहित्य के मूल्यांकन से पूर्व परम्परावादी समीक्षकों को भारतीय समाज- व्यवस्था, वर्ण-व्यवस्था, जातिभेद, जाति-संघर्ष, विषमताओं, भेदभावों, सामन्ती सोच, ब्राह्मणवादी दृष्टिकोण, अन्तर्विरोधों, आर्थिक, सामाजिक भारतीय मनःस्थितियों, सांस्कृतिक पृष्ठभूमियों का विश्लेषण करना होगा, भारतीय राजनीति को समझकर साहित्य का समाजशास्त्रीय अध्ययन करना होगा। तभी दलित साहित्य का सही और यथार्थ मूल्यांकन हो पाना सम्भव होगा।

प्रेमचन्द ने कहा था, 'हमें सुन्दरता की कसौटी बदलनी होगी और

हमें निश्चय ही विलासिता के मीनार से उतरकर उस बच्चोंवाली काली रूपवती का चित्र खींचना होगा जो बच्चे को खेत की मेड़ पर सुलाकर पसीना बहा रही है।'

पारम्परिक सौन्दर्यशास्त्र के प्रतिमानों से भिन्न दलित साहित्य के सौन्दर्यशास्त्र की आवश्यकता दलित लेखक महसूस करते हैं। उनकी इस सोच पर हिन्दी के स्थापित समीक्षक सदैव उँगली उठाते हैं। हिन्दी समीक्षक परमानन्द श्रीवास्तव हों या नामवर, दलित साहित्य के लिए अलग सौन्दर्यशास्त्र की आवश्यकता को गलत मानते हैं।

पारम्परिक सौन्दर्यशास्त्र पंडित जगन्नाथ के 'वाक्यं रसात्मकं काव्यं' को सूत्र की तरह दोहराता है जबकि दलित लेखकों की दृष्टि में साहित्य आचार्यों द्वारा निर्मित 'रस' अधूरे एवं पूर्वग्रहों से पूर्ण हैं। दलित साहित्य विद्रोह और नकार के संघर्ष से उपजा है। घोषित रसों के द्वारा दलित रचनाओं के इस केन्द्रीय भाव का मूल्यांकन नहीं हो सकता है।

डॉ. एन. सिंह की धारणा है कि 'दलित साहित्य का शब्द-सौन्दर्य प्रहार में है, सम्मोहन में नहीं। वह समाज और साहित्य में शताब्दियों से चली आ रही सड़ी-गली परम्पराओं पर बेदर्दी से चोट करता है। वह शोषण और अत्याचार के बीच हताश जीवन जीनेवाले दलित को लड़ना सिखाता है, वह सिर पर पत्थर ढोनेवाली मजदूर महिला को उसके अधिकारों के विषय में बतलाता है। उसे धर्म की भूल-भुलैया से निकालकर शोषण से मुक्ति का मार्ग दिखाता है। उसके लिए जिस शाब्दिक प्रहार क्षमता की आवश्यकता है, वह उसमें है, और यही दलित साहित्य का शिल्प-सौन्दर्य है।'

दलित साहित्य की अन्तर्चेतना में वेदनामूलक संघर्ष भाव की प्रधानता है जो यातना से उपजी है। राजेन्द्र यादव कहते हैं—'साहित्य जिन तत्त्वों से अमर, स्थायी या सार्वभौमिक होता है, उनमें तीन मुझे सबसे प्रमुख लगते हैं—संघर्ष, यातना (सफरिंग) और विजन...'

राजेन्द्र यादव का यह भी मानना है—'जो नया सौन्दर्यशास्त्र बनेगा, वह संघर्ष से शुरू होगा, उस यातना से शुरू होगा, चाहे वह उसका रिअलाइज करने अथवा उस यातना को, उसकी तकलीफ को, उसके भेदक रूप को समझने के रूप में हो, और उसके बाद बदलने की मानसिकता के रूप में हो, जिसे हम संघर्ष कह सकते हैं।

तीसरा—एक स्वप्न के रूप में होगा, हमें करना क्या है ? हमें समानान्तर सौन्दर्यशास्त्र देना है, वैकल्पिक समाज बनाना है, यह सारा संघर्ष साहित्य में भी है और समाज में भी।'

दलित साहित्य में ये तीनों तत्त्व विद्यमान हैं। अम्बेडकर-दर्शन एवं विचार ने दलित साहित्य में संघर्षशीलता को तीव्रता दी है। वर्ण-व्यवस्था और भारतीय समाज-व्यवस्था ने दलितों पर जो अमानुषिक उत्पीड़न किया है, उस यातना की निचली तह से उठकर ऊपर आनेवाला दलित लेखक अपने भीतर जिस आँच को अनुभव करता है, वह भुक्तभोगी ही समझ सकता है। दलित साहित्य की दिशा और दृष्टि उसे जीवन्त बनाती है।

दलित साहित्य के सौन्दर्यशास्त्र पर विचार करने के लिए किसी भी कृति के 'आकार' और 'आशय' को दृष्टि में रखना होगा। जिस रूप को हम देखते हैं—वह उस कृति का 'आकार' होता है। 'आकार' में जो सारतत्व या सारत्व बोध विद्यमान होता है, वह 'आशय' कहलाता है। हिन्दी साहित्य हो या संस्कृत साहित्य वह आकृतिनिष्ठ ही है। वहाँ आकार की प्रधानता है। शब्द की रमणीयता समीक्षकों के लिए बौद्धिक विलास का काम करती है।

दलित साहित्य परिवर्तनशीलता के नियमों में विश्वास करता है। प्रकृति हो या मनुष्य का जीवन, उसमें कुछ भी स्थिर नहीं है। न अजर, न अमर। 'आशय' जीवन से सम्बन्ध रखता है। जीवन यानी संघर्ष और उससे जुड़े अनुभव। जैसे-जैसे जीवन बदलता है, अनुभव बदलते हैं, यथार्थ बदलता है। दलित साहित्य में अनुभवों से उत्पन्न आशय निष्ठा ही अधिक है। पारम्परिक साहित्य ने जिसे त्याज्य और निषिद्ध माना है, दलित साहित्य ने उसे अपने अनुभवों के आधार पर प्रमुखता दी है। उन अनुभवों की अभिव्यक्ति के मूल्यांकन के लिए पारम्परिक समीक्षा के मापदंड गलत निष्कर्ष देंगे। क्योंकि पारम्परिक सौन्दर्यशास्त्र में उन अनुभवों के मूल्यांकन और आशयों के विश्लेषण की क्षमता ही नहीं है, फिर मूल्यांकन कैसे होगा ? किस आधार पर होगा ?

डॉ. म.ना. वानखेड़े का यह कहना उचित है : 'जिस भारतीय सौन्दर्यशास्त्र में दलित साहित्य की आशयनिष्ठ समीक्षा करने की क्षमता न हो, उस सौन्दर्य-शास्त्र को ठुकरा देने में कोई हानि नहीं है, क्योंकि आकृतिनिष्ठ भूमिका से दलित साहित्य को न्याय मिलनेवाला नहीं है।'

आगे वे कहते हैं : 'उच्चभ्रू सफेद कालरवाले लेखकों तथा समीक्षकों द्वारा निश्चित किए हुए समीक्षा मूल्य, सिद्धान्त, कार्य तथा सौन्दर्य के सापेक्षी मूल्यों को दलित लेखकों द्वारा ठुकरा दिया जाना चाहिए।'

दलित लेखकों की यह धारणा है कि जीवन-दर्शन, अनुभूति और अनुभव की वास्तविकता भारतीय साहित्य में कभी आई ही नहीं। इसीलिए समीक्षकों द्वारा स्थापित समीक्षा मूल्य और उनके सौन्दर्य मीमांसा के ढंग अलग हैं जो दलित साहित्य की समीक्षा के लिए सही नहीं हैं।

ललित साहित्य या पारम्परिक साहित्य का मूल प्रयोजन क्या है—'आनन्द' के लिए रसोत्पत्ति। यह आनन्द-रस क्षणिक होता है जिसे दलित साहित्य स्वीकार नहीं करता। एक दलित जिस उत्पीड़न को भोगकर दुःख, वेदना से साक्षात्कार करता है, वह आनन्ददायक कैसे हो सकता है ? दलित साहित्य आत्मानुभूति की अभिव्यक्ति करता है इसीलिए उसकी श्रेष्ठता शब्दजीवी नहीं है। न शाब्दिक चमत्कारों तक ही सीमित है। अर्थ-गाम्भीर्य दलितों का स्वीकृत जीवन-मूल्य है, जिस पर दलित साहित्य का सौन्दर्यशास्त्र टिका है।

ये जीवन-मूल्य आखिर हैं क्या ? दलित साहित्य की आन्तरिक ऊर्जा दलित चेतना है जो डॉ. अम्बेडकर के जीवन-दर्शन और बुद्ध के तत्त्वज्ञान से संचालित है।

दलित विद्वानों द्वारा इन जीवन-मूल्यों को दलित साहित्य में सूक्ष्मता के साथ पिरोया गया है। ये जीवन-मूल्य हैं—

1. समता, स्वतन्त्रता, बन्धुता, न्याय के जीवन-अनुभव, अनुभवजन्य आशय, तथा उस आशय की अर्थपूर्ण अभिव्यक्ति।

2. संस्कृति और धर्म के नाम पर वास्तविकता को छिपाकर रखे गए ढोंग को नकारना।

3. कल्पनाजन्य प्रतिमानों का निषेध। जैसे 'अमृत' मधुर पेय की कल्पना लेकिन उसका आस्वाद किसी ने नहीं जाना।

4. नित्य परिवर्तनीयता के आधार पर जीवन-मूल्यों का मूल्यांकन।

5. बन्धन-मुक्त अभिव्यक्ति और अनुभवों का सच्चापन, जैसा देखा, भोगा उसका वैसा चित्रण। शब्द केवल माध्यम है। शाब्दिक आडम्बर निर्माण में असमर्थ।

दलित साहित्य 'आशय' को महत्त्व देता है। अभिव्यक्ति और

शिल्प दूसरे स्थान पर आता है। जीवन-अनुभवों की प्रामाणिकता 'आशय' को अर्थ-गम्भीर बनाती है। यह अर्थ-गाम्भीर्य डॉ. अम्बेडकर-दर्शन के विचार तत्त्व पर आधारित होना चाहिए। इसीलिए दलित साहित्य के सौन्दर्यशास्त्र का स्वरूप पारम्परिक सौन्दर्यशास्त्र से भिन्न है।

हिन्दी के कुछ समीक्षक, लेखक इस बात से चिन्तित हैं कि दलित लेखक अपना सौन्दर्यशास्त्र क्यों विकसित करना चाहते हैं। इस चिन्ता के पीछे संस्कारगत भावना और सोच काम करती है।

कला और साहित्य में सौन्दर्यबोध जहाँ संस्कारजन्य होता है, वहीं परिवेशगत भी। पसन्द-नापसन्द, जीवन-मूल्यों का आधार बनती है। दलित साहित्य सिर्फ एक साहित्यिक आन्दोलन भर नहीं है। दलित समाज की सांस्कृतिक, सामाजिक, राजनीतिक आकांक्षाएँ साहित्य की भाषा में व्यक्त हो रही हैं। इसीलिए वह हिन्दी की मुख्यधारा के उस सौन्दर्यशास्त्र के वर्चस्व से मुक्त है, जो संस्कृत के काव्यशास्त्र से जुड़ा है।

परम्परावादी सौन्दर्यशास्त्र की परिभाषा का दलित साहित्य विरोध करता है। परम्परावादी दृष्टिकोण के अन्तर्गत सौन्दर्य एक ऐसी विषयीगत वस्तु समझी जाती है, जिसकी जड़ें वास्तविकता के सामान्य विषयगत गुणों में नहीं हैं। प्रकृति और उसके अन्य उपकरण अपने आपमें न सुन्दर हो सकते हैं और न असुन्दर। सौन्दर्य की भावना तो मनुष्य में ऐतिहासिक परिस्थितियों के फलस्वरूप पैदा होती है।

मार्क्सवाद भी इस तथ्य को स्वीकार करता है कि प्राकृतिक सौन्दर्य की भावना शुद्ध रूप में चेतना की विषयीगत अवस्था ही नहीं, बल्कि प्रकृति वस्तुओं और मनुष्य की सामाजिक जीवन में प्राप्त निश्चित विषयगत गुणों के कारण होती है।

मैनेजर पांडेय का कहना है : 'कोई भी सौन्दर्यशास्त्र एक दिन में नहीं बनता। प्रतिरोध और विकल्प का सौन्दर्यशास्त्र तो और भी नहीं। वैसे तो हिन्दी में कोई विकसित सौन्दर्यशास्त्र नहीं है, लेकिन जो है उसके पीछे एक ओर संस्कृत के काव्यशास्त्र की लम्बी परम्परा है तो दूसरी ओर पश्चिम के सौन्दर्यशास्त्र का प्रभाव। स्वयं पश्चिम में सौन्दर्यशास्त्र का विकास कई सदियों में हुआ है। जो लोग कहते हैं कि सौन्दर्यशास्त्र का जाति, वर्ग और विचारधारा से क्या लेना-देना, वे या तो बेवकूफ हैं या बदमाश। सौन्दर्यशास्त्र कला की अलौकिक

अनुभूति नहीं है। वह कलात्मक सौन्दर्य के बोध और मूल्यों का शास्त्र है, और बोध की प्रक्रिया तथा मूल्यों के निर्माण में जाति, वर्ग और लिंग से जुड़ी विचारधाराओं की महत्त्वपूर्ण भूमिका होती है...इसीलिए दलित सौन्दर्यशास्त्र का विकास दलित समाज, उसकी चेतना, संस्कृति, विचारधारा और दलित सौन्दर्यशास्त्र के विकास पर निर्भर है, जो एक लम्बी प्रक्रिया में होगा।'

सन्दर्भ

1. डॉ. मस्तराम कपूर—दलित साहित्य : दिशा, दृष्टि और विचार, शिखर की ओर (सं. डॉ. एन. सिंह), 1997, पृष्ठ 345
2. शिवकुमार मिश्र—दलित साहित्य का आन्दोलन और हिन्दी क्षेत्र, नया पथ, अंक 24-25, 1997, पृष्ठ 95
3. अयोध्या सिंह उपाध्याय 'हरिऔध'—कबीर वचनावली, पृष्ठ 97
4. श्यामसुन्दर दास—कबीर ग्रन्थावली, पृष्ठ 18-19
5. डॉ. एन. सिंह—दलित प्रवाह और साहित्य तटबन्ध—शिखर की ओर (सम्पादित), 1997, पृष्ठ 353
6. राजेन्द्र यादव—काली सुर्खियाँ (सम्पादित कहानी-संग्रह), प्रवीण प्रकाशन, नई दिल्ली, 1994, पृष्ठ 12
7. राजेन्द्र यादव—युद्धरत आम आदमी (सं. रमणिका गुप्ता), अंक 41, 1998, पृष्ठ 126
8. डॉ. कुमुद पांवडे—दलित साहित्य और सौन्दर्यशास्त्र, युद्धरत आम आदमी, अंक 41-42, 1998, पृष्ठ 92-93
9. डॉ. मैनेजर पांडेय—दलित चेतना : सोच (सं.-रमणिका गुप्ता, नवलेखन प्रकाशन, हजारी बाग, 1998, पृष्ठ X

दलित साहित्य की वैचारिकता एवं दार्शनिकता

दलित साहित्य का वैचारिक आधार डॉ. अम्बेडकर का जीवन-संघर्ष एवं ज्योतिबा फुले और बुद्ध का दर्शन उसकी दार्शनिकता का आधार है। सभी दलित रचनाकार इस बिन्दु पर एकमत हैं कि ज्योतिबा फुले ने स्वयं क्रियाशील रहकर सामन्ती मूल्यों और सामाजिक गुलामी के विरोध का स्वर तेज किया था। ब्राह्मणवादी सोच और वर्चस्व या प्रभुत्व के विरोध में उन्होंने आन्दोलन खड़ा किया था। यही कारण है कि जहाँ दलित रचनाकारों ने ज्योतिबा फुले को अपना विशिष्ट विचारक माना वहीं डॉ. अम्बेडकर को अपना शक्तिपुंज स्वीकार किया। ऐसा शक्तिपुंज जिससे समूचा दलित लेखन वैचारिक ऊर्जा ग्रहण करता है। डॉ. अम्बेडकर और ज्योतिबा फुले के विचारों की प्रखर शक्ति पाकर दलित साहित्य आन्दोलन प्रगति की ओर बढ़ रहा है।

बन्धु माधव ने एक लेख में अपने विचार व्यक्त करते हुए कहा है, 'जिस प्रकार लेनिन के क्रान्तिकारी विचारों का रूसी लेखकों ने अपनी रचनाओं द्वारा प्रचार करके रशियन क्रान्ति की मदद की थी, उसी प्रकार डॉ. अम्बेडकर के विचारों को गाँव-गाँव तक पहुँचाने का कार्य दलित साहित्यकारों का है।'

दलित साहित्य के सौन्दर्यशास्त्र में जो प्रमुख तत्त्व है जो समूचे रचना कर्म को संचालित करता है, वह है दलित चेतना की वैचारिक अभिव्यक्ति, जिसका सीधा सम्बन्ध डॉ. अम्बेडकर- दर्शन एवं चिन्तन से है। डॉ. सी.बी. भारती इस तथ्य पर जोर देते हैं। उनका मानना है : 'प्रतिबद्धता ही दलित साहित्य का सौन्दर्य विधान है। दलित साहित्य-लेखन दलित अस्मिता की तलाश है...यह सामाजिक परीक्षण व उनके छिन्न-भिन्न कर देने की एक अनबुझी प्यास है। वर्ण-व्यवस्था से उपजी अमानवीय त्रासदी से मुक्ति की छटपटाहट ही दलित साहित्य का मूल स्वर है। जातिविहीन, वर्गविहीन समाज की संरचना ही इसका मूल प्रतिपाद्य है।'

यह कहना अप्रासंगिक नहीं होगा कि दलित साहित्य की अन्तर्धारा को समझने के लिए जरूरी है उसके वैचारिक एवं सामाजिक दृष्टिकोण को समझना। हिन्दी साहित्य में ऐसे अनेक साहित्यकार हैं जो अपनी रचनाओं में प्रगतिशील, मार्क्सवादी या जनवादी दिखाई पड़ते हैं लेकिन वे वर्तमान सामाजिक ढाँचे, धार्मिक विचारधारा, जातिवाद, वर्ण-व्यवस्था, अछूतों पर अत्याचार का विरोध करने में बेहद कमजोर साबित होते हैं। उनमें से कोई भी धर्म के खिलाफ अपना स्पष्ट रुख नहीं अपनाता। ऐसे रचनाकार व्यक्तिगत जीवन में किसी धर्म, सम्प्रदाय के अनुयायी होते हैं। वैचारिक दृष्टि से समानता के पक्षधर भी दिखाई पड़ते हैं। वास्तविकता में वे यथास्थितिवादी होते हैं। निराला इसके एक विशिष्ट उदाहरण हैं। वे प्रगतिशील हैं, वर्ग-चेतना के गम्भीर कवि, लेखक हैं। दलितों के प्रति उनके मन में करुणा भाव है। दूसरी ओर वे अपने निबन्ध-संग्रह 'चाबुक' में वर्ण-व्यवस्था के प्रबल समर्थक हैं। रामकृष्ण परमहंस, तुलसीदास, विवेकानन्द पर अनेक कविताएँ उन्होंने लिखी हैं। 'राम की शक्तिपूजा' कविता में 'शक्तिपूजा' के कर्मकांड का पूरा विवरण देते हैं।

डॉ. विमल कुमार कहते हैं : 'निराला की 'विधवा' कविता पर

ब्रह्मसमाज का प्रभाव दिखाई पड़ता है। रामकृष्ण परमहंस और विवेकानन्द के अनुभूतिवाद, शक्तिपूजा, उदार उपासना, सर्वधर्म-समादर इत्यादि ने निराला के काव्य को अत्यधिक प्रभावित किया है। 'राम की शक्तिपूजा' पर रामकृष्ण परमहंस देव और विवेकानन्द के शक्ति सिद्धान्त का प्रभूत प्रभाव है। निराला ने 'प्रबन्ध-पद्म' नामक संग्रह स्वामी सारदानन्द को समर्पित किया है।'

किसी भी रचना के मूल्यांकन के लिए उसका प्रयोजन क्या है ? उसका अभिप्राय क्या है ? जानना अति आवश्यक है। इस विश्लेषण के बगैर किसी भी रचना का मूल्यांकन अधूरा ही कहा जाएगा।

मनमोहन अपने लेख में कहते हैं : 'कृति की अन्तर्वस्तु उसका कथ्य नहीं होता, बल्कि वे मूल्य होते हैं, जिन्हें कृति रचना की पूरी प्रक्रिया में अर्जित करती है। कथ्य अधिक-से-अधिक इस प्रक्रिया का तर्क है। हो सकता है एक रचनाकार इन मूल्यों के बारे में, स्वयं सचेत न हो, किन्तु तब भी कृति की समूची व्यवस्था, कृति का समूचा तर्क और समूचा आवेश अभिकेन्द्रित और परिणत होता है। भावात्मक या अभावात्मक रूप से इन अभिकेन्द्रित बिन्दुओं में समर्थन की तीव्र स्पृहा और अकुलाहट होती है।'

दलित-जीवन और उनकी समस्याओं पर गैर-दलितों, जैसे प्रेमचन्द, नागार्जुन, अमृतलाल नागर, गिरिराज किशोर, जगदीश चन्द्र आदि ने लिखा है और दलित लेखक ओमप्रकाश वाल्मीकि, मोहनदास नैमिशराय, श्यौराज सिंह बेचैन आदि ने भी लिखा है। किन्तु इनकी अन्तर्वस्तु में इनके द्वारा अर्जित और प्रतिष्ठित मूल्यों में और उस अनुभव की प्रक्रिया की व्याख्या में गहरा फर्क है। जाहिर है, इन मूल्यों की प्रकृति और प्रक्रिया में वर्ण-भेद अहम भूमिका अदा करता है। उनके अपने आग्रह और संस्कारिक मूल्य, मान्यताएँ कृति की समग्रता में अपने निष्कर्ष स्थापित करती हैं, उसे प्रभावित करती हैं। यह सब एक विशिष्ट सतर्कता के रूप में प्रस्तुत होकर अपनी विशिष्टता रेखांकित करता है।

जॉन डयुई ने अपनी पुस्तक 'आर्ट एज एक्सपीरियंस' में ब्रेडले के एक निबन्ध का हवाला देते हुए साहित्य के विषय एवं उसके अन्तर्वस्तु बोध भिन्नता पर प्रकाश डाला है। उनकी मान्यता है कि 'विषय' साहित्य का बाह्य तत्त्व है जबकि 'अन्तर्वस्तु' अन्तःतत्त्व।

'विषय' की व्यापकता पर जोर देते हुए डयुई ने इसे एक कच्चे माल के रूप में स्वीकार किया है जो रचनाकार के अनुभव से जुड़कर 'अन्तर्वस्तु' में रूपान्तरित होता है। उन्होंने साफ लिखा है कि यदि कोई कलाकार केवल 'विषय' को लेकर रचना प्रारम्भ करता है तो उसकी रचना में स्वाभाविकता की जगह कृत्रिमता की सम्भावना ही ज्यादा है।

अर्जुन डाँगले कहते हैं : 'कलाकृति की मूल प्रवृत्ति को न समझ सकें तो उस कलाकृति की लय, उसके अनुभवों की प्रवृत्ति, संरचना, अनुभवों की गहनता आदि को समझना सम्भव नहीं है।'

प्रकाश मनु दलित कथा-धारा का उल्लेख करते हुए कहते हैं : 'ओमप्रकाश वाल्मीकि, श्यौराजसिंह बेचैन, प्रेमकुमार मणि, चन्द्रशेखर कर्ण आदि की कहानियों ने भारतीय समाज के एक ऐसे रोंगटे खड़े कर देनेवाले यथार्थ की ओर हमारा ध्यान खींचा है, जिसे पहले चादर की ओट कर दिया जाता था। आज के दलित लेखक यह मानकर चल रहे हैं कि जाति एक सच्चाई है—और सिर्फ उसका जिक्र न करने से वह खत्म नहीं हो जाती। इसकी प्रतिक्रिया में ओमप्रकाश वाल्मीकि जैसे लेखक जानते-बूझते हुए न सिर्फ जातिसूचक शब्द अपने साथ लगाते हैं बल्कि बड़ी दिलेरी के साथ इससे पैदा होनेवाली स्थितियों और खतरों का सामना भी करते हैं। दलित लेखकों ने जातिसूचक अपमानों के खिलाफ जैसे लड़ाई छेड़ दी है।'

आगे वे कहते हैं : 'ओमप्रकाश वाल्मीकि की आत्मकथा 'जूठन' इसी लड़ाई के आक्रोश और करुणा से पैदा हुई एक बड़ी कृति है। श्यौराज सिंह बेचैन की 'अस्थियों के अक्षर' में एक बच्चे की किताब की ललक है और यह भी कि किताब के लिए एक रुपए की चोरी कैसी क्रूर और हौलनाक परिस्थिति को जन्म दे सकती है—अगर वह बच्चा दलित और समाज से ठुकराया हुआ है ! ओमप्रकाश वाल्मीकि की 'प्रमोशन', 'प्रेमकुमार मणि की 'जुगाड़', चन्द्रशेखर कर्ण की 'सुरंग से गुजरते हुए' कहानियों में भी इन्हीं अपमानों की गहरी कचोट है जो सीधे दिल में उतर जाती है, और हक्का-बक्का कर जाती है। दलित साहित्य सच में तो सभ्यता के नकली मुखौटों को चिन्दी-चिन्दी कर देनेवाला साहित्य है।'

दलित साहित्य को डॉ. अम्बेडकर जीवन-दर्शन ने वैचारिक ऊर्जा

दी है और तथागत बुद्ध की दार्शनिकता ने उसे सामाजिक दृष्टि दी है। साथ ही ज्योतिबा फुले के जीवन-संघर्ष से उसे गहन प्रेरणा मिली है।

सन्दर्भ

1. बन्धु माधव–प्रबुद्ध भारत, 15 फरवरी, 1958
2. डॉ. सी.बी. भारती–दलित साहित्य का सौन्दर्यशास्त्र, हंस 11, अंक 1, 1996, पृष्ठ 70-72
3. डॉ. विमल कुमार–छायावादी सौन्दर्यशास्त्रीय अध्ययन, राजकमल प्रकाशन, नई दिल्ली, 1970, द्वितीय संस्करण, 1978, पृष्ठ 31-32
4. मनमोहन–वस्तु और रूप के अन्तःसम्बन्ध के अध्ययन की समस्या, साहित्य और राजनीति–सं. डॉ. कुंवरपाल सिंह, भाषा प्रकाशन, नई दिल्ली, 1891, पृष्ठ 94
5. Johan Deway—Art as experience, Mintan Black company, New York, 1934, Page 11
6. अर्जुन डाँगले–प्रस्तावना, दलित साहित्य : एक अभ्यास, महाराष्ट्र राज्य साहित्य-संस्कृति मंडल, मुम्बई, 1978, प्रथम संस्करण, पृष्ठ 21
7. प्रकाश मनु–सदी के आखिरी दौर की कहानी का चेहरा, दस्तावेज–82 (सं. विश्वनाथ प्रसाद तिवारी, गोरखपुर), जनवरी-मार्च, 1999, पृष्ठ 27

दलित साहित्य की सामाजिक प्रतिबद्धता

दलित साहित्य के प्रतिष्ठित रचनाकार मोहनदास नैमिशराय का कहना है—'दलित कविता एक सामाजिक आन्दोलन का सामाजिक प्रतिफलन है। अन्य काव्यधाराओं और साहित्यिक परम्पराओं की अपेक्षा उसका सीधा सम्बन्ध जीवन की जमीन से है।'

हजारों साल के ऐतिहासिक परिदृश्य में दलितों ने जो सामाजिक उत्पीड़न सहा है, विषमताएँ झेली हैं, भेदभाव और शोषण ने उसके मस्तिष्क पर जो गहरी रेखाएँ खींची हैं, ऐसी वर्ण-व्यवस्था से उपजी विषमताओं और विसंगतियों को दृष्टि में रखकर ही दलित साहित्य का विश्लेषण करके, सौन्दर्यशास्त्र और साहित्यिक मूल्यांकन के अध्ययन की दिशा में आगे बढ़ सकते हैं। साहित्यिक सृजन दलित जीवन के यथार्थ को प्रतिबिम्बित करने के साथ ही उसे पहचानने का

भी एक साधन है। साहित्य और कला के प्रति यह दृष्टिकोण सामाजिक व्यवस्था में साहित्य के महत्त्व का उचित मूल्यांकन भी है। दलित साहित्य में दलित जीवन का यथार्थवादी चित्रण यथार्थ की मात्र नकल नहीं है, बल्कि साधारण परिस्थितियों में साधारण चरित्रों का वास्तविक पुनर्सृजन है। इस कार्य में दर्शन और कलात्मक पांडित्यपूर्ण प्रदर्शन की आवश्यकता कतई नहीं है—पाठक की चेतना और अनुभूति को प्रभावित करनेवाली गहन संवेदना से ही यह सम्भव है।

कला और साहित्य के नियम भौतिक जगत तथा मानव समाज के विकास के साथ-साथ निश्चित नियमों के अनुसार परिवर्तित होते रहते हैं। प्रत्येक ऐतिहासिक काल के अपने सौन्दर्यात्मक आदर्श होते हैं, तथा अपने समय और सामाजिक परिवेश के अनुसार वह साहित्यिक कृतियों का सृजन करता है।

प्रकृति की तरह साहित्य, समाज और चिन्तन भी परिवर्तनशील है। ऐसा कोई शाश्वत सिद्धान्त नहीं है जिसके आधार पर सौन्दर्य-मूल्य निर्धारित किए जा सकें।

साहित्यिक रचनाएँ मनुष्य के मस्तिष्क पर पड़नेवाले विभिन्न सामाजिक जीवन के प्रतिबिम्बों की उपज होती हैं। जो कला-रूप सामाजिक चेतना से कला का और सामाजिक दायित्वों से कलाकार का सम्बन्ध-विच्छेद करता है, वह मनुष्य की मानवीय गरिमा के विरुद्ध कार्य करता है। मनुष्य की संचेतना उसके सामाजिक अस्तित्व से ही निर्धारित होती है। यदि समीक्षक दलित समाज के जीवन से परिचित नहीं है और उसके अनुभवों की दाहकता से अपरिचित है तो वह दलित साहित्य की समीक्षा प्रामाणिक रूप से अथवा निष्पक्ष होकर नहीं कर सकता, इसके लिए उसे दलितों के अनुभव से गुजरने की आवश्यकता नहीं है, बल्कि भारतीय समाज-व्यवस्था, जाति- व्यवस्था, वर्ण-व्यवस्था, ग्रामीण अर्थ-व्यवस्था, सामाजिक दशा, भारतीय संस्कृति आदि का गहन अध्ययन नितान्त जरूरी है।

भारतीय समाज-व्यवस्था ने वर्ण-व्यवस्था का एक ऐसा जिरहबख्तर पहन रखा है, जिस पर लगातार हमले होते रहे हैं फिर भी वह टूट नहीं पाई। बीसवीं सदी में सबसे बड़ा हमला डॉ. अम्बेडकर ने किया और बौद्ध धर्म को पुनर्जीवित किया। वर्ण-व्यवस्था के स्वरूप में बदलाव दिखाई पड़ा। इस व्यवस्था को तोड़ने के लिए जाति-व्यवस्था

का टूटना जरूरी है, तभी समाज में समरसता उत्पन्न हो सकती है, और साहित्य में उपजी विभ्रम की स्थिति से भी मुक्त हो सकते हैं।

सामन्ती व्यवस्था में संस्कारित साहित्यकार साहित्य को समाज से ऊपर अलग दर्जा देकर स्वयं को समाज से अलग और ऊपर होने का अहं भाव पालकर कल्पना में जीता है। साहित्यकार कोई विशिष्ट व्यक्ति नहीं होता, वह अपने अस्तित्व के लिए पग-पग पर समाज के ऊपर निर्भर करता है। समाज से अलग उसका कोई अस्तित्व ही नहीं होता, दलित साहित्य की भी मूल भावना यही है। इसीलिए वह सामाजिक प्रतिबद्धता का साहित्य है।

ई.एम.एस. नंबुदिरीपाद अपने लेख 'सौन्दर्यशास्त्र : मार्क्सवादी अवधारणा' में लूनाचार्स्की के शब्दों का उदाहरण देते हैं : 'कोई भी साहित्य-कृति चेतन या अचेतन रूप में उसी वर्गीय मानसिकता को अवश्य ही प्रतिबिम्बित करती है, जिस वर्ग का वह रचनाकार प्रतिनिधित्व करता है, या तो यह होता है अन्यथा जैसा प्रायः होता है कि कृति तत्त्वों के उस जटिल मिश्रण को प्रतिच्छवित करती है जिसमें लेखक पर पड़नेवाले विविध वर्गों के प्रभाव सक्रिय होते हैं।'

दलित साहित्य की मान्यता है कि अचेतन रूप में वर्गीय मानसिकता अवश्य ही प्रतिबिम्बित होती है। उदाहरण के तौर पर नागार्जुन की कविता 'हरिजन गाथा' को देखा जा सकता है जिसमें भाग्य, मनु, ऋचाएँ...आदि अनेक शब्द प्रतीक बनकर उभरते हैं जो अचेतन रूप में कवि की सोच एवं संस्कार वृत्ति को उजागर कर जाते हैं; वर्णीय मानसिकता के साथ आलोच्य रचना के प्रभाव को दिशाहीन कर यथास्थिति उत्पन्न करते हैं जो मात्र सहानुभूति ही जगाते हैं, बदलाव की प्रक्रिया को तीव्र नहीं करते, न ही दलित चेतना का विकास करते हैं। किसी भी रचना की सामाजिक प्रतिबद्धता ही उसे वैचारिक आधार देती है। इसीलिए रचना की वस्तु के साथ सामाजिक अन्तःचेतना के प्रभाव को विश्लेषित करना जरूरी है।

डॉ. देवेन्द्र चौबे अपने आलेख 'दलित का अर्थ' में कहते हैं कि...इस (भारतीय) संस्कृति में ऐसी कई अवधारणाएँ हैं जो मनुष्य और मनुष्य के बीच भेद करती हैं। उस अवस्था को अपना आदर्श रूप मानती हैं, जिसमें दमन के खिलाफ विद्रोह और प्रतिरोध करना सामाजिक अपराध (की तरह) माना जाता है। दलित समाज का

साहित्य वर्चस्व की संस्कृति से जुड़े इन सारे सवालों को उठाता है, और उनसे संवाद करते हुए टकराने की कोशिश करता है।

डॉ. सी.बी. भारती लिखते हैं : 'दलित साहित्य की सौन्दर्यदृष्टि में होता है उत्पीड़न, पीड़ा व उसके विस्तार का निरपेक्ष आकलन, धार्मिक पाखंडों व निहित स्वार्थवश निर्मित शोषण के उपादानों के प्रति घृणा, एक सजग मानवीय अस्मिता, समत्व बोध, सामाजिक अन्याय के प्रति प्रतिकार का सामर्थ्य, सामाजिक परिवर्तनों के प्रति अडिग आस्था व परम्परागत घृणित व्यवस्थाओं के विच्छेदन की सफलता का विश्वास।' आगे वे कहते हैं : 'दलित साहित्य के सौन्दर्य में काल्पनिक रोमांटिक रंगीनियाँ नहीं, अपितु घटनाओं का खुरदरापन अपने यथार्थ रूप में प्रस्फुटित होता है।'

डॉ. सी.बी. भारती ने जिस खुरदरेपन की ओर संकेत किया है वह दलित जीवन का यथार्थ है। उनके रोजमर्रा के अन्तहीन यातनामय जीवन के इस यथार्थ की अभिव्यक्ति रससिक्त कोमल पदावली में सम्भव ही नहीं है। आक्रोशजनित अभिव्यक्ति को ही समीक्षक खुरदरापन कह रहे हैं।

अभय कुमार दुबे इसी अभिव्यक्ति पर टिप्पणी करते हुए कहते हैं : 'अकेले पड़ जाने की अनुभूति ने सदियों से हो रहे अन्याय के प्रति उनकी वाणी को कर्कश बना दिया है। उनकी मुद्रा युद्ध की हो गई है और अभिव्यक्ति आक्रामक। अकेलेपन ने उन्हें बार-बार निजी अनुभव की ओर मोड़ा है, जिसकी प्रामाणिकता पर अत्यधिक जोर देने के कारण उनकी चेतना का कलारूप यथार्थवाद तक ही सीमित रह गया है।'

दलित साहित्य की यह प्रवृत्ति सामाजिक बदलाव के प्रति उनकी तड़प को रेखांकित करती है, जबकि आध्यात्मिक सौन्दर्य, प्रेम और वासना के रासरंग से बोझिल हिन्दी साहित्य का सामाजिक सरोकारों से दूर का भी सम्बन्ध नहीं रहा है।

पारम्परिक साहित्य में जो 'उत्कृष्टता' एवं 'पवित्र' पाठ का अहंभाव विद्यमान है, वह सामन्ती समाज की अभिजात प्रवृत्तियों और अवधारणाओं से उपजा है जो दलित साहित्य पर लगातार कच्चेपन और शिल्पहीनता का आरोप लगाता है। पाठकों और लेखकों तथा आलोचकों का एक वर्ग है जो दलित साहित्य को स्वतन्त्र साहित्य

या हिन्दी साहित्य की एक नई मुख्यधारा मानने से इन्कार करता है। वह केवल एक सामान्य प्रवृत्ति मानकर उसे अनदेखा करने का प्रयास करता है।

डॉ. देवेन्द्र चौबे का मानना है : 'सामाजिक जीवन में जहाँ जाति उनके और अन्य समाजों के बीच दहलीज का काम करती है, वहाँ साहित्य में उनके यथार्थ और भोगे हुए अनुभव तथा भाषा उनके पाठ की मान्यता के खिलाफ दीवार बनकर खड़ी हो जाती है, एवं हम उन्हें इसलिए स्थान देने अथवा स्थापित करने से हिचकने लगते हैं कि न तो वह समाज में 'पवित्र' है और न ही उनका पाठ 'उत्कृष्ट', फिर कैसी माँग और कैसी मान्यता तथा कैसा उनका संघर्ष। यहीं पर आकर सब कुछ गड्डमड्ड होने लगता है और शेष समाज तथा उनकी मान्यताएँ, वंचित समाज के खिलाफ आकर खड़ी हो जाती हैं।'

इसी प्रकार की मान्यता राजेन्द्र यादव भी व्यक्त करते हैं : ...सच पूछें तो इसी दौरान 'उत्कृष्टता', 'प्रयोग', 'भाषिक विचक्षणता' जैसे प्रत्ययों को लेकर गहरी शंकाएँ भी मन में उठने लगी थीं—कला साहित्य की ये सौन्दर्यशास्त्रीय अवधारणाएँ और शास्त्र कहीं 'गोरी दुनिया' की वर्चस्ववादी राजनीति के बारीक षड्यन्त्र तो नहीं हैं ?'

हिन्दी साहित्य में यह वर्चस्व 'सवर्ण दुनिया' का है जो सिर्फ साहित्य तक ही सीमित नहीं है। जीवन का प्रत्येक अंग उनकी गिरफ्त में है। डॉ. देवेन्द्र चौबे दलित साहित्य की इस संघर्षशीलता पर टिप्पणी करते हुए कहते हैं : 'दलित लेखन का वास्तविक संघर्ष भारतीय समाज, संस्कृति, धर्म और इतिहास के पवित्र तथा उत्कृष्ट समझे जानेवाले मुख्यतः तीन प्रतीकों से है—शिक्षण संस्थान, गुरु यानी शिक्षक एवं प्रेम। यह तीनों की 'पवित्रता' और 'उत्कृष्टता' पर प्रश्नचिह्न खड़ा करते हुए कड़ा प्रहार करता है और यह मानकर चलता है कि दलित समाज को अपने व्यक्तित्व निर्माण और सामाजिक विकास की प्रक्रिया में इन तीनों की नकारात्मक भूमिकाओं का सामना करना पड़ता है।'

'सवर्ण वर्चस्व' के विरुद्ध दलित लेखन में जहाँ अपनी अस्मिता की तलाश है वहीं मानवीय मूल्यों की पक्षधरता को भी सर्वोपरि माना है। मनुष्य की स्वतन्त्रता की भावना और उसकी अभिव्यक्ति दलित साहित्य की प्राथमिकताओं में है। मानव मुक्ति के सभी रूपों और अन्तरंगों का दर्शन दलित साहित्य में दिखाई पड़ता है। स्वतन्त्रता केवल

राजनीतिक ही नहीं होती, धार्मिक, आर्थिक और सामाजिक भी होती है। इसीलिए दलित साहित्य की अन्तर्निहित धारा में स्वतन्त्रता का भाव प्रधान रूप में विद्यमान है। समता, बन्धुता और स्वतन्त्रता की चेतना जैसे मूल तत्त्वों पर दलित साहित्य का सौन्दर्यशास्त्र टिका हुआ है।

किसी भी रचनाकार, कृति और समाज के सम्बन्ध पर जब विचार किया जाएगा तो दलित साहित्य के सौन्दर्यशास्त्र के तत्त्व स्वतः स्पष्ट हो जाएँगे।

दलित साहित्य जाति-व्यवस्था के दासत्व से मुक्ति का आन्दोलन है, एक मुक्ति संघर्ष। क्रान्तिकारी तेलुगु कवि शिवसागर का कहना है : 'समय के साथ-साथ सौन्दर्यशास्त्र की धारणाएँ भी बदलती गई हैं। दलित सौन्दर्यशास्त्र दलित दृष्टिकोण से दलित परिभाषा के बल पर दलित अभिव्यक्ति और सौन्दर्य की धारणाओं को पुनः परिभाषित कर रहा है। सौन्दर्यशास्त्र का सम्बन्ध रूप और सार से है।'

सन्दर्भ

1. डॉ. सी.बी. भारती—दलित साहित्य का सौन्दर्यशास्त्र, हंस 11, अंक 1, 1996, पृष्ठ 70-72
2. अभयकुमार दुबे—दलित चेतना नए शहर की तलाश में, शिखर की ओर (सं. डॉ. एन. सिंह), 1997, पृष्ठ 334
3. डॉ. देवेन्द्र चौबे—साहित्य में पवित्रता और उत्कृष्टता का सवाल, राष्ट्रीय सहारा, 30 अगस्त, 1998, पृष्ठ 14
4. राजेन्द्र यादव—काली सुर्खियाँ (सम्पादित कहानी-संग्रह), प्रवीण प्रकाशन, नई दिल्ली, 1994, पृष्ठ 12
5. शिव सागर—दलित जीवन की पृष्ठभूमि में ही दलित सौन्दर्यशास्त्र पैदा होगा—(साक्षात्कार, द्वारा, डॉ. वी. कृष्णा), दलित चेतना : सोच (सं. रमणिका गुप्ता), नवलेखन प्रकाशन, हजारी बाग, 1998, पृष्ठ 189

दलित साहित्य और राजनीति

सही अर्थों में साहित्य का निर्माण विराट-समाज चेतना से ही होता है। दलित साहित्य ने दलितों के मुक्ति-संघर्ष में अपनी भूमिका प्रतिबद्धता के साथ ग्रहण की है। उन मूक, शोषित, पीड़ित, प्रताड़ित, उपेक्षित, दलितों को वाणी दी जो सामन्ती अर्थव्यवस्था, ब्राह्मणवादी सामाजिक संरचना और धार्मिक कूपमंडूकता में हजारों साल से पिस रहे थे। उनकी इस लड़ाई का मोर्चा दलित साहित्य ने सँभाला है। प्रगतिशील, मार्क्सवादी, जनवादी रचनाकारों को यह मोर्चा सँभालना चाहिए था, लेकिन उनकी प्राथमिकता में दलित समस्याओं से ज्यादा वर्गीय समस्या प्रमुख रही है।

दलित साहित्य आन्दोलन द्वारा विद्रोह की इस भावना एवं स्वतन्त्र चेतना का विस्फोट साहित्यिक, राजनीतिक, वैचारिक स्तर पर हुआ है।

विमल थोरात का मानना है : 'दलित साहित्य उस विद्रोह का उन्मेष है जो किसी विशिष्ट जाति या व्यक्ति के विरुद्ध नहीं बल्कि

'स्व' की खोज में निकले हुए एक पूरे समाज का पूर्व परम्पराओं से विद्रोह है एवं अपने अस्तित्व की स्थापना का प्रयास है।'

साहित्य और राजनीति का गहरा सम्बन्ध है। कोई भी साहित्यिक आन्दोलन राजनीतिक आन्दोलन की भूमिका बनता है। हिन्दी समीक्षक उस साहित्य में भी राजनीतिक प्रभाव ढूँढ़ लेते हैं, जो पूर्णरूपेण पलायनवादी और शृंगारिक रोमैंटिक होता है।

छायावादी काल पर टिप्पणी करते हुए नन्द दुलारे वाजपेयी कहते हैं : 'हमारे इस युग के साहित्य की मुख्य प्रेरणा राष्ट्रीय और सांस्कृतिक है तथा इससे भिन्न कुछ और हो नहीं सकती थी। राष्ट्रीयता ने हमारे समस्त जीवन को अनेक रूपों में आन्दोलित कर रखा है। हमारे कवि और लेखक भी इस दुर्दमनीय प्रयास से बच नहीं सकते।'

इसी प्रकार की राय डॉ. रामविलास शर्मा की भी है। वे कहते हैं : 'छायावाद, साम्राज्यवाद के विरुद्ध भारतीय जनता के संघर्ष काल का साहित्य है। उसमें सबसे सशक्त स्वर देश की स्वाधीनता और जनतन्त्र प्राप्त करने की आकांक्षा का स्वर है।'

उपरोक्त टिप्पणियाँ हिन्दी साहित्य के उस छद्म की द्योतक हैं जिसने साहित्य को जनमानस से दूर करने की भूमिका निभाई है। इसके ठीक विपरीत दलित साहित्य की भूमिका मानव-केन्द्रित है। डॉ. अम्बेडकर ने दलितों में चेतना जगाकर उन्हें मुक्ति-संघर्ष से जोड़ा। वर्ण-व्यवस्था ने जो उन पर गुलामी के बन्धन कसे थे, उन्हें तोड़ने में डॉ. अम्बेडकर का आन्दोलन जहाँ एक ओर सामाजिक और वैचारिक आन्दोलन था, वहीं वह राजनीतिक आन्दोलन भी था। दलित साहित्य उसी संघर्षशील चेतना की अभिव्यक्ति है। दलित सदियों की दासता और शोषण, दमन, उत्पीड़न के कारण हीन भावना से ग्रसित थे। इसी हीन भावना को तोड़कर एक मनुष्य के रूप में उसकी पहचान और स्वाभिमान को स्थापित करना दलित साहित्य का प्रमुख उद्देश्य है।

भारतीय लोकतन्त्र का समूचा ढाँचा जातिवाद की गिरफ्त में है जिसे बनाए रखने में राजनीतिक दल तत्पर दिखाई पड़ते हैं, इनमें सिर्फ सामन्ती और ब्राह्मणवादी विचारधारा के ही राजनीतिक दल नहीं हैं, बल्कि वे दल भी हैं, जो तथाकथित वामपन्थी और छद्म अम्बेडकरवादी हैं।

भक्तिकालीन कवियों में रैदास और कबीर ने ब्राह्मण व्यवस्था

के विरुद्ध विद्रोह किया, लेकिन उनकी लड़ाई सिर्फ वर्ण-व्यवस्था का विरोध होकर रह गई। आज भी हिन्दी साहित्य में कबीर को कवि से ज्यादा सन्त माननेवाले समीक्षकों, बुद्धिजीवियों की कमी नहीं है।

शाकिर अली अपने लेख में कहते हैं : 'जिस प्रकार इस्लाम भारतीय सामन्ती व्यवस्था को आकर सहारा देता है और उसे संकट से बचाता है, उसी प्रकार कबीर, दादू का समन्वयवाद भारतीय सामन्ती व्यवस्था को तत्काल संकट से बचा लेता है। यही कार्य तुलसी भी करते हैं। लेकिन वे भारतीय फ्यूडल पद्धति की पतनशील प्रवृत्तियों की दो धाराओं, मुस्लिम व हिन्दू धाराओं में से हिन्दू धारा का, विशेषकर ब्राह्मणवाद का ही प्रतिनिधित्व करते थे। अतः हिन्दू सामन्तवादी उसे सहर्ष स्वीकार कर लेते हैं। सारे उत्तर भारत में रामचरितमानस को फैला देते हैं।'

आधुनिक हिन्दी साहित्य में सामन्ती अवशेषों की प्रतिच्छाया स्पष्ट देखी जा सकती है, क्योंकि हिन्दी समाज आज भी सामन्ती-व्यवस्था से चिपका है। बी.टी. रणदिवे का मानना है : 'हमारे समाज के सैद्धान्तिक बाह्य ढाँचे की जड़ें मुख्यतः सामन्ती अतीत में गड़ी हैं। धर्मान्धता, जात-पाँत, अलौकिक शक्तियों में विश्वास, अर्द्धसामन्ती असमान स्थिति की स्वीकृति—इन सबका, जो कि जनवादी और वर्ग एकता की प्रक्रिया में बाधा डालते हैं, पूँजीवादी राष्ट्रीयता और पूँजीवादी जनतान्त्रिक मूल्यों की जो पतली-सी तह उनके ऊपर फैली हुई है, तथाकथित संवैधानिक गारंटियों और कानून की दृष्टि में समानता केवल अन्दर के घिनौनेपन को दिखाती है। धार्मिक विभेद, अन्धविश्वास, जात-पाँतगत अत्याचार, अछूतों पर अत्याचार—यह सब जहर जनता के व्यापक हिस्से तक अन्दर घुसाए जाते हैं और इसीलिए अक्सर यह वीभत्स दृश्य देखने को मिलता है कि जिन स्थानों में वीरतापूर्ण और संयुक्त वर्ग-संघर्ष देखने को मिलता या कि जिन स्थानों में वीरतापूर्ण और संयुक्त वर्ग संघर्ष होता है, वहीं कुछ दिनों बाद साम्प्रदायिक या जात-पाँतगत अत्याचार के आधार पर भ्रातृघाती झगड़ा होता है।'

दलित समस्याओं पर प्रेमचन्द गाँधीवादी दृष्टिकोण को ही उचित मानते हैं जिसे अनेक रचनाओं द्वारा प्रेमचन्द स्थापित करते हैं। कान्ति मोहन का भी कहना है : 'एक पत्रकार और विचारक की हैसियत

से प्रेमचन्द ने अपने पत्रों—मासिक 'हंस' और साप्ताहिक 'जागरण' में अपने युग की अछूत समस्या के विभिन्न पहलुओं पर जमकर लिखा।...पृथक निर्वाचन के सवाल पर जब गाँधीजी ने यरवदा जेल में आमरण अनशन शुरू किया तब से अछूत समस्या भारतीय राष्ट्रीय आन्दोलन की एक प्रमुख समस्या बनी और तभी से प्रेमचन्द ने भी इस समस्या पर लिखना शुरू किया।' यानी गाँधी से प्रेरित होकर प्रेमचन्द इस समस्या से जुड़े। यरवदा जेल का अनशन दलितों को पृथक निर्वाचन अधिकार दिए जाने के विरोध में गाँधीजी ने किया था। यही विरोध गाँधी और डॉ. अम्बेडकर के बीच राजनीतिक विवाद का कारण भी था। डॉ. अम्बेडकर ने गोलमेज सभा में दलितों की समस्या को उठाकर राष्ट्रीय स्तर पर दलित आन्दोलन का आगाज किया था। तत्कालीन सरकार का ध्यान इस समस्या की ओर खींचने में डॉ. अम्बेडकर सफल हुए थे। इसी सफलता के तहत उन्होंने दलितों के लिए पृथक निर्वाचन की माँग की थी। इस माँग के विरोध में गाँधीजी ने 'आमरण अनशन' शुरू कर दिया था। लेकिन 'पूना पैक्ट' के मसौदे पर डॉ. अम्बेडकर ने काफी दबाव के बाद हस्ताक्षर किए। इसे वे अपनी हार मानते थे। उनका मत था कि हिन्दू दलितों को कोई भी अधिकार देना नहीं चाहते हैं। प्रेमचन्द 'पूना पैक्ट' को गाँधीजी के पक्ष से देख रहे थे। इस समस्या पर प्रेमचन्द ने गाँधीजी के विचारों को ज्यों-का-त्यों मान लिया था। इसीलिए प्रेमचन्द 'पूना-पैक्ट' को 'विजय' मान रहे थे। 'जागरण' (26 अक्टू. 1932) के सम्पादकीय में वे लिखते हैं : '...शत्रु ने लक्ष्य भी उसी स्थान पर किया था, जो सबसे कमजोर है, लेकिन गाँधी की तपस्या ने पासा पलट दिया और न जाने कितनी दैवी शक्ति सामने आ खड़ी हुई। देखते-देखते हवा बदल गई और शत्रुओं से घिरी हुई राष्ट्रीयता अपने मोर्चे से निकलकर साम्प्रदायिकता का संहार कर रही है। पूना में उसने पहली विजय पाई...'

दलित समस्याओं पर गाँधीजी का दृष्टिकोण पूर्ण रूप से धार्मिक और राजनीतिक था जिसे साहित्य में प्रेमचन्द अपनी पूरी निष्ठा से प्रस्थापित करते हैं। और डॉ. अम्बेडकर आन्दोलन को शंकालु दृष्टि से देखते हैं। दलितों के दृष्टिकोण को वे अनदेखा करते हैं।

डॉ. तुलसीराम का कहना है : 'बीसवीं शताब्दी के तीसरे दशक

में भारतीय राजनीति में बाबा साहब डॉ. भीमराव अम्बेडकर का उदय हुआ। अतः वर्तमान दलित राजनीति तथा साहित्य का जो भी रूप है, उसकी जड़ में डॉ. अम्बेडकर का संघर्ष आज भी खाद-पानी की तरह काम आ रहा है।'

डॉ. तुलसीराम का यह भी मानना है : 'राजनीति में जिस वर्ग या समूह का जितना वर्चस्व होता है, ठीक उसी के अनुपात में उसका साहित्य भी पनपता है। यह तथ्य सम्पूर्ण विश्व के इतिहास से प्रकट हो चुका है। भारत के सन्दर्भ में वर्ग की अवधारणा का प्रतिनिधित्व यहाँ की वर्ण-व्यवस्था करती चली आ रही है। वर्ण-व्यवस्था सिर्फ सामाजिक व्यवस्था नहीं थी बल्कि धर्म पर आधारित एक क्रूर राजनीतिक प्रयास थी, जिसके मूल में भगवान का भय बड़ी कृत्रिमता से किन्तु निहायत संगठित रूप से खड़ा किया गया था। अतः भारतीय समाज का पूरा इतिहास तथा साहित्य इसी वर्ण-प्रणाली के इर्द-गिर्द शुरू से ही चक्कर काटता चला आ रहा है।'

दलित रचनाकारों को दो मोर्चों पर एक साथ लड़ना पड़ता है। अपने घोर दारिद्र्य में लिपटी बस्तियों और उनमें छाए घोर अन्धकार से तथा दूसरी ओर इस दलित जीवन से बाहर की उस व्यवस्था से जिसने जीवन में यह जहर घोला है, और सामाजिक विषमताओं और भेदभाव को जन्म दिया है।

दलित रचनाकार वर्ण-व्यवस्था के विरोध में अपना संघर्ष जहाँ तीव्रता से अभिव्यक्त करते हुए सामाजिक बदलाव की प्रक्रिया को सुदृढ़ करता है वहीं सामाजिक रूढ़ियों के प्रति विद्रोह दलित साहित्य में स्पष्ट दृष्टिगोचर होता है। हिन्दू धर्म और संस्कृति के विद्रोह की अनेक रचनाएँ दलित साहित्य को मानवीय सरोकारों से जोड़ती हैं। राजनीतिक अव्यवस्था के प्रति रोष दलित रचनाओं में उभरकर आता है।

राजनीतिक दाँव-पेच और दमन नीति से उपजे दलित जीवन के दुःखद यथार्थ की अभिव्यक्ति दलित साहित्य को गरिमा प्रदान करती है। दलित साहित्य का आन्दोलन केवल साहित्यिक आन्दोलन नहीं है। वह दलित समाज में आ रहे परिवर्तन, उसकी पहचान, आकांक्षाओं, चेतना के विकास से जुड़ा है। दलित साहित्य में दलित समाज की सामाजिक, राजनीतिक आकांक्षाएँ आन्दोलन का रूप ले रही हैं। दलित

साहित्य हिन्दी साहित्य की तथाकथित मुख्यधारा के वर्चस्व से मुक्त होना चाहता है।

'ग्राम्य जीवन के उपेक्षित, बहिष्कृत वर्ग, महानगरीय सभ्यताओं के अघोषित उपनिवेशों (झोंपड़-पट्टियों, फुटपाथों) की धूमिल तस्वीरें दलित कविता की विषय-वस्तु बनी हैं।' रजतरानी मीनू के ये शब्द दलित साहित्य की अन्तर्यात्रा को रेखांकित करते हैं। वे लिखती हैं : 'बदलते मूल्यों के संक्रामक दौर में सामन्ती शानो-शौकत, जातीय वरिष्ठता, वंशवादी कुलीनता, धार्मिक कूपमंडूकता, सामाजिक उजड्डता और राजनीतिक आश्वासनों के लुभावने मिथकों के बीच दलित कविता अपना रास्ता खोजती है।'

पंचायत-राज के लुभावने और आकर्षक सब्जबाग दलितों के लिए षड्यन्त्र बनकर उपस्थित होते हैं। डॉ. अम्बेडकर ने गाँव को जाति भेद के कारखाने कहा था। दलित रचनाओं में पंचायती राज का नग्न यथार्थ पूरी शिद्दत से उद्घाटित होता है। कोयला ही जानता है जलने की पीड़ा।

संकीर्ण पतली गलियों में
कुनमुनाती गन्दगी से
टखनों तक सने पाँव से
सुना है
दहाड़ती आवाजों को
किसी चीख की मानिन्द
जो हमारे हृदय से
मस्तिष्क तक का सफर तय करने में
थककर सो गई है।

(सदियों का सन्ताप, पृष्ठ 26)

दलित साहित्य ने हजारों साल से मूक बने जनमानस को वाणी दी है। संघर्ष की चेतना उत्पन्न की है। साहित्य को समाज से जोड़ा है।

सन्दर्भ

1. विमल थोरात—'मराठी दलित कविता और साठोत्तरी हिन्दी कविता में सामाजिक, राजनीतिक चेतना', हिन्दी बुक सेंटर, नई दिल्ली, 1996, पृष्ठ 29
2. नन्ददुलारे वाजपेयी—आधुनिक साहित्य (सृजन और समीक्षा), मैकमिलन, नई दिल्ली, 1978, पृष्ठ 22
3. डॉ. रामविलास शर्मा—नई कविता और अस्तित्ववाद, राजकमल प्रकाशन, नई दिल्ली, 1978, पृष्ठ 36
4. शाकिर अली—वर्ण से वर्ग की यात्रा का समाजशास्त्र, साहित्य और राजनीति, सं. डॉ. कुँवरपाल सिंह, भाषा प्रकाशन, नई दिल्ली, 1981, पृष्ठ 9
5. बी.टी. रणदिवे—मार्क्सवादी बुद्धिजीवियों की भूमिका (वही, उपरोक्त) पृष्ठ 16
6. कान्ति मोहन—प्रेमचन्द और अछूत समस्या, जनसुलभ साहित्य प्रकाशन, दिल्ली, प्रथम संस्करण, 1982, पृष्ठ 106
7. प्रेमचन्द—राष्ट्रीयता की विजय, जागरण (26 अक्टू. 1932), (सम्पादकीय)
8. डॉ. तुलसीराम—दलित साहित्य की राजनीतिक अवधारणा, दलित- प्रसंग, सं. प्रणव बन्धोपाध्याय, शिलालेख, नई दिल्ली, 1999, पृष्ठ 134, 135
9. रजतरानी मीनू—नवें दशक की हिन्दी दलित कविता, दलित साहित्य प्रकाशन संस्था, नई दिल्ली-22, 1996, पृष्ठ 50
10. ओमप्रकाश वाल्मीकि—सदियों का सन्ताप, फिलहाल प्रकाशन, देहरादून, 1989, पृष्ठ 26

दलित साहित्य की धार्मिक, सांस्कृतिक मान्यताएँ

बहुत से आलोचकों और रचनाकारों की यह धारणा बन गई है कि दलित साहित्य प्राचीन संस्कृति, कला, साहित्य का तिरस्कार करता है। पूर्ववर्ती साहित्यकारों पर छींटाकशी करके उनकी आलोचना करता है। और तमाम हिन्दी साहित्य को सवर्ण साहित्य कहता है। यह तथ्य पूरी तरह सही नहीं है। बल्कि दलित साहित्य की मूल धारणाओं और मान्यताओं को तोड़-मरोड़कर प्रस्तुत करके देखने से यह भ्रम पैदा होता है। दरअसल दलित साहित्य पूर्व साहित्य के पुनर्मूल्यांकन की बात करता है। पूर्व साहित्यकारों की रचनाओं को अपने दृष्टिकोण से देखना चाहता है। उन गलत प्रस्थापनाओं की व्याख्या करता है, जो मानव-विरोधी हैं। अन्धश्रद्धा, आस्था की जगह गहन विश्लेषण और उसके विकास की सही दिशाओं, ऐतिहासिक और सामाजिक परिप्रेक्ष्य

में साहित्य के नियमों का अन्वेषण करने की दिशा में कार्य करता है। साहित्यिक कृतियों को धार्मिक पुस्तक बना देने का विरोध करता है।

संस्कृति और परम्परा के प्रति आग्रहशील वही रचनाकार दिखाई पड़ते हैं जिन्हें जनसाधारण से न कोई हमदर्दी है और न ही वे उनकी चिन्ता और सरोकारों में कहीं शामिल हैं। अनेक प्रगतिशील एवं मार्क्सवादी कहे जानेवाले रचनाकार इस प्रवृत्ति के शिकार हैं। इनकी पैरवी करनेवाले समीक्षकों की भी कमी नहीं है। उनका ज्यादातर समीक्षा साहित्य ऐसे ही लेखकों, कवियों के इर्द-गिर्द घूमता है। वे इन रचनाकारों को इस बात के लिए तैयार नहीं कर पाते हैं कि उनके लेखन में दलितों, मजदूरों और संघर्षरत अन्य शोषितों, जनमानस की क्या स्थिति है, उनके प्रति क्या उत्तरदायित्व महसूस करते हैं।

दलित साहित्य किसी भी समस्या से रूबरू होते समय उसके वस्तुगत तथ्यों को सर्वप्रथम देखता है, अमूर्त परिभाषाओं और अन्य मापदंडों को नहीं, क्योंकि अमूर्त बहस हमें किसी निष्कर्ष पर नहीं पहुँचने देती। महानता और प्रासंगिकता की बहस को सार्थक एवं महत्त्वपूर्ण होने देना लेखन का महत्त्वपूर्ण दायित्व है। यह आवश्यक है कि तत्कालीन वस्तु को गहराई से विश्लेषित करके उसकी जटिलता को उद्घाटित करें।

डॉ. अम्बेडकर ने कहा था : 'हमारे जीवन, कर्त्तव्य और संस्कृति की ओर हमारा ध्यान नहीं है। अन्तुर्मख होकर विचार करने से हमारे सामने वह भयावह स्थिति स्पष्ट हो जाएगी कि हमारे जीवन-मूल्य और सांस्कृतिक मूल्यों को बचाने के लिए दलित साहित्यकारों को जागरूक और प्रयत्नशील हो जाना चाहिए। तुम्हारे उपन्यास, कथाओं की सीता लक्ष्मण रेखा पार करके आगे जा चुकी है। दुर्योधन के दरबार में द्रौपदी का वस्त्र हरण हो रहा है। शकुन्तला को दुष्यन्त अपना सही परिचय नहीं दे रहा है, इसीलिए शकुन्तला को बनवास हो रहा है। ऐसी स्थिति में साहित्यकारों का मैं आह्वान करता हूँ कि वे विभिन्न साहित्यिक विधाओं के द्वारा उदात्त जीवन-मूल्यों और सांस्कृतिक मूल्यों को रेखांकित करें। अपने लक्ष्य को मर्यादा में मत बाँधो, उसे और अधिक विशाल बनने दो। वाणी का विस्तार करो, अपनी लेखनी को केवल अपने प्रश्नों तक सीमित मत रखो। उसे तेजस्वी बनाओ जिससे गाँव

में फैला अन्धकार दूर हो सके। यह मत भूलो कि इस भारत देश में उपेक्षित दलितों का बहुत बड़ा विश्व है। अपनी रचनाओं के द्वारा उनकी वेदना को समझकर उनके जीवन को उज्ज्वल बनाने की कोशिश करो। यही मानवता की सच्चाई है।'

हिन्दी साहित्य के भक्तिकाल में रैदास और कबीर जहाँ एक ओर वर्ण-व्यवस्था के विरुद्ध खड़े दिखाई पड़ते हैं और सामाजिक बदलाव के लिए संघर्ष करते हैं, वहीं वे आध्यात्मिक दलदल में फँसकर उसी सामन्ती व्यवस्था में विलीन हो जाते हैं, जिसने वर्ण-व्यवस्था को पुख्ता किया है। उनकी क्रान्तिकारिता सामाजिक स्तर पर गहन अभिप्रेरणा उत्पन्न करती है, हिन्दी साहित्य में विरोध के स्वर को ऊँचा करती है और आज भी प्रासंगिक बनकर दलित चेतना के लिए प्रेरणा बनती है। लेकिन रहस्यवाद, भक्तिवाद, निर्गुणवाद आदि उन्हें उसी परम्परा से जोड़ देते हैं जिसके विरुद्ध दलित साहित्य खड़ा है।

यही स्थिति तुलसीदास को लेकर है। डॉ. रामविलास शर्मा, विष्णुचन्द्र शर्मा, निराला आदि रचनाकारों, समीक्षकों को तुलसीदास का ब्राह्मणवादी एवं सामन्ती दर्शन और मान्यताएँ दिखाई नहीं पड़ते। और उनके संस्कार इतने प्रबल हैं कि तुलसीदास ही नहीं और भी अनेक महाकवियों की वर्णवादी दृष्टि को नजरअन्दाज करके उन्हें स्थापित करते हैं। यह हिन्दी साहित्य की एक ऐसी विडम्बना है जो उसे सवर्णवादी ही सिद्ध करती है। उनके रचना संसार में जो नकारात्मक पहलू हैं, उन पर चर्चा करने से हिन्दी रचनाकार, समीक्षक चुप्पी साध लेते हैं।

समकालीन हिन्दी कविता के चर्चित कवि अरुण कमल तुलसीदास के प्रति भाव-विभोर होकर करते हैं : 'तुलसीदास का काव्य करुणा, प्रेम, संघर्ष, आत्मसम्मान और निष्कम्प विश्वास का काव्य है और उनकी भाषा अर्थात जीवन के काव्य में बदलने का अनुकरण अब तक का सर्वाधिक सक्षम उपकरण है। जब तक हिन्दी भाषा है, उसमें कविता का प्रयत्न है तब तक तुलसीदास सभी कवियों के लिए प्राथमिक से लेकर उच्चतम स्तर तक की समवेत संयुक्त पाठशाला हैं और रहेंगे–श्री गुरु चरण सरोज रज निजमान मुकुर सुधार...'

हिन्दी साहित्य की इस दोहरी मानसिकता ने ही उसे एकांगी बनाया है। दलित साहित्य ऐसी किसी भी मान्यता का, चाहे वह धार्मिक

हो, सांस्कृतिक या साहित्यिक, विरोध करता है। दलित साहित्य की मान्यताएँ नैतिक मानवीय दृष्टिकोण पर आधारित हैं। इसीलिए उसके दार्शनिक आख्यानों में 'बुद्ध' की गहन मानवीय सोच, उसे मानव केन्द्रित करती है।

ब्राह्मणवादी मानसिकता एवं बौद्धिक विमर्श ने जहाँ अवतारवाद की धारणा समाज में स्थापित की, वहीं इन अवतारों को नायक के रूप में साहित्य ने खड़ा किया। ये तमाम नायक दलित विरोधी हैं। स्त्रियों के प्रति उनका रवैया सामन्ती है। 'ब्राह्मण' के वे रक्षक हैं। ये तमाम नायक युद्धोन्मत्त हैं। सत्ता हासिल कर अपना वर्चस्व कायम करना ही उनका लक्ष्य है।

दलित साहित्य ऐसे नायकत्व का विरोधी है। समाज की जड़ता को तोड़कर वह मनुष्य की पक्षधरता को सर्वोपरि मानता है। सामाजिक बदलाव के माध्यम से वह सामाजिक समरसता चाहता है। भाईचारे और स्वतन्त्रता की बात करता है। सबके लिए समानता का पक्षधर है। किसी भी वर्ग विशेष के आधिपत्य एवं वर्चस्व को चुनौती देता है। उन स्थितियों और कलात्मक पैंतरेबाजी का विरोध करता है, जो जातिवादी, धार्मिक रूढ़ियों, सामन्ती व्यवस्था को मजबूत करती हैं।

विद्वान आलोचक मैनेजर पांडेय कहते हैं : 'हिन्दी के कई मार्क्सवादी आलोचक दलित साहित्य की आलोचना करने के लिए उन्हीं तर्कों का सहारा लेते हैं जो कलावादियों के हैं। लेकिन कुछ दूसरे वर्गवाद के नाम पर दलित साहित्य का विरोध करते हैं। वर्गवाद और राष्ट्रवाद को मिलाकर जातीयता की धारणा बनाते हैं और साहित्य को उसी कसौटी पर कसते हैं। ऐसे लोग दलित साहित्य के आन्दोलन को हिन्दी साहित्य की जातीयता के लिए खतरा मानते हैं। लेकिन उनकी जातीयता के परम्पराबोध में हिन्दी क्षेत्र की दलित जातियों पर हुए अनन्त अमानुषिक अत्याचारों की कोई स्मृति नहीं होती और दलितों के संघर्ष की कोई पहचान भी नहीं। ऐसी जातीयता और उसके परम्पराबोध को दलित क्यों स्वीकार करेंगे।'

हिन्दी साहित्य में एक विचित्र परम्परा दिखाई पड़ती है, साहित्य में रेखांकित ब्राह्मणवादी दृष्टिकोण से ही देखा जाता है। दलित जीवन को समझने के प्रयास में भी गैर-दलित जीवन ही सोच और दृष्टि पर हावी रहता है। यानी ऊपर से नीचे उतरते हैं। जो तस्वीर हमारी

सोच में रची-बसी है, उसी की पहचान सुनिश्चित करते हैं, फिर नई-नई परिभाषाएँ गढ़ते हैं। खुद ही प्रश्न करते हैं और खुद ही उनके उत्तर भी तय कर लेते हैं। इसीलिए दलित साहित्य के सन्दर्भ गड्डमड्ड होने लगते हैं। दलित जीवन और उससे जुड़े सन्दर्भों को देखने की चेष्टा में सबसे बड़ी सीमा दृष्टि की होती है—सारा ध्यान जातीय आधार पर होता है। उसके बाद जो थोड़ा-बहुत बचा रहता है, वह मात्र पुनरावृत्ति होती है। रचनाधर्मिता की तमाम ऊर्जा तो अपनी संस्कारगत मनोवृत्तियों को सहेजने में ही खर्च हो जाती है।

हिन्दी साहित्य में दलित पात्र की मानवीय संवेदनाओं को जिस गहन अभिव्यक्ति की दरकार थी, वहाँ वे सिर्फ दासतामूलक और हीनताबोध से भरे हुए ही रहे। नकारात्मक चरित्र की पराकाष्ठा से गुँथे हुए। दलित अस्मिता को पहचानकर उसे मानवीय दृष्टिकोण से देखने के बजाय सरलीकृत नुस्खों की मार्फत ही देखा गया है। या फिर उसकी व्याख्या की गई और वे हाशिए के चरित्र होकर रह गए हैं।

ग्रामीण संस्कृति में दूसरे के श्रम एवं संघर्ष पर अपनी समृद्धि बनाकर शोषण के हथकंडे अपनाना संस्कृति का हिस्सा रहा है जिसमें उच्चवर्ण के वे तमाम लोग शामिल रहे हैं जिन्हें समाज में आदर और सम्मान प्राप्त था।

14 अक्टूबर, 1956 के दिन डॉ. अम्बेडकर ने हिन्दू धर्म त्याग कर बौद्ध धर्म की दीक्षा लेते समय जो 22 प्रतिज्ञाएँ की थीं, वही दलित साहित्य की धार्मिक, सांस्कृतिक मान्यताओं का आधार हैं।

सन्दर्भ

1. डॉ. भीमराव अम्बेडकर—दलित साहित्य सम्मेलन पत्रिका, 17 जनवरी, 1976
2. अरुण कमल—कविता और समय, वाणी प्रकाशन, नई दिल्ली, 1999, पृष्ठ 227-28
3. डॉ. मैनेजर पांडेय—दलित चेतना : सोच (सं. रमणिका गुप्ता), नवलेखन प्रकाशन, हजारीबाग (बिहार), 1998, पृष्ठ XI

दलित साहित्य की आर्थिक मान्यताएँ

दलितों का जीवन जहाँ सामाजिक उत्पीड़न, शोषण, दमन से भरा हुआ है वहीं व्यवस्था के नाम पर लादी गई मर्यादाएँ, बन्धन दलित जीवन की विपन्नताएँ बनकर रहे हैं। आर्थिक विवशताओं और विसंगतिपूर्ण स्थितियों ने दलित जीवन को नर्क बनाया है। ग्रामीण परिवेश के जातीय उत्पीड़न से पलायन कर शहरों, महानगरों की ओर आनेवाले दलितों के भीतर हीनता भाव इतना गहरा होता है कि उसे कोई भुक्तभोगी ही जान सकता है।

जिस पंचायती राज की रूमानी कल्पना की कशीदेकारी से हिन्दी साहित्य भरा पड़ा है, वही पंचायती राज दलितों के लिए अभिशाप होता है। लोकतन्त्र के नाम पर सबसे ज्यादा दलित ही छला गया है। गाँव के खेतिहर मजदूर दलित ही होते हैं। बेगारी प्रथा ने दलितों को घोर विपन्नता दी है। बेगार यानी बिना मूल्य का श्रम। दिन-भर मेहनत-मजदूरी करके भी शाम को भूखा रहे, यह अभिशाप नहीं तो और क्या है ! यह आर्थिक शोषण भारतीय ग्राम-व्यवस्था का हिस्सा

था। आज प्रजातन्त्र के युग में भी सामन्ती व्यवस्था का खुला नृत्य गाँव-कस्बों में होता है। इन सबसे भागकर दलित नगरों में आते रहे हैं जहाँ उन्हें सुरक्षा और रोजी-रोटी की गुंजाइश ज्यादा दिखाई पड़ती थी। कल-कारखानों में मजदूर बनकर दलितों ने एक नया जीवन शुरू किया।

दलित साहित्य ने इन प्रश्नों को गम्भीरता से लिया है। दलित रचनाओं में आर्थिक समस्याओं को प्रमुखता से अभिव्यक्ति मिली है। रजत रानी मीनू लिखती हैं : 'आर्थिक विपन्नताओं से पग-पग पर घायल होनेवाले दलित कवि का संवेदनशील हृदय अर्थाभाव के काले अभिशाप से घिरे हुए समूचे वर्ग को देखकर उद्वेलित हो उठता है। जन-जीवन से जुड़े तमाम प्रश्नों की रोशनी में अपने सुन्दर सपनों को यथार्थ में साकार होते नहीं देख पाता है, तब वह प्रश्नों के समाधान तलाश करते अपने विचारों को कविता की शक्ल देकर पूरा करने का प्रयास करता है।'

डॉ. धर्मवीर ने कविता में आर्थिक विपन्नताओं का जो चित्र उकेरा है, वह उल्लेखनीय है–

शोषण की अमर बेल,
दमन की महागाथा,
यातना के पिरामिड
उत्पीड़न की गंगोत्री
ऋणों के पहाड़
ब्याज़ के सागर,
निरक्षरों के मस्तिष्क,
महाजनों की बही
रुक्कों पर अँगूठों की छाप
ऊटपटाँग
जोड़ घटा, गुणा भाग, देना
सब एक

तमाम आर्थिक अवसादों, विभिन्नताओं के बावजूद दलित रचनाकार अपने समाज को अज्ञानता, दरिद्रता, हीनता से लड़ने की अदम्य इच्छा रखते हुए साहित्य सृजन करता है। उसके अनुभव ही उसकी अभिव्यक्ति हैं और जीवन के कठोरतम क्षणों में सृजित शब्द

उसके लिए महत्त्वपूर्ण हैं। मानवीय सरोकारों से जुड़े तमाम विचार उसे मान्य हैं, वे विचार जो मनुष्य को सम्मान से जीना सिखाते हैं।

कान्तिमोहन अपने निष्कर्षों से यह सिद्ध करने का प्रयास करते हैं कि दलित समस्या सामाजिक एवं धार्मिक नहीं, आर्थिक है। उनका कहना है : 'अछूत प्रथा भूमि पर व्यक्तिगत स्वामित्व के सम्बन्ध स्थापित होने के बाद ही अस्तित्व में आई होगी। सामाजिक ऊँच-नीच का भाव अभिन्न रूप से आर्थिक ऊँच-नीच के भाव से जुड़ा है और आर्थिक ऊँच-नीच के भाव के मूल में भूमि का स्वामित्व और भूमिहीनता है।'

कान्तिमोहन के इन निष्कर्षों के पीछे एक सोच और दृष्टि है जो दलित समस्याओं के उन बिन्दुओं को लगातार अनदेखा करती रही है जो सामाजिक और धार्मिक व्यवस्था के द्वारा निर्मित हुए हैं। दलितों को सम्पत्ति जमा करने के अधिकार से वंचित किया गया। आर्थिक प्रतिबन्ध लगाए गए। दंड विधान में दोहरे नियम रखे गए, वर्ण-व्यवस्था एवं सामन्ती-व्यवस्था, बेगार-प्रथा के तहत दलितों की आर्थिक विपन्नता निम्न से निम्नतर होती चली गई।

डॉ. अम्बेडकर के निष्कर्ष कान्तिमोहन या अन्य विचारकों, शोधकर्ताओं, अर्थवेत्ताओं से भिन्न हैं। उनका मानना है कि सभ्यता के विकास में एक ऐसी अवस्था आई जब लोग अपने-अपने स्थानों पर बस गए और खेती, गो-पालन आदि के साथ नियमित जीवन बिताने लगे। लेकिन अनेक लोग अनेक कारणों से सभ्यता की दौड़ में पीछे छूट गए। अन्त में जब इन बिखरे हुए, खानाबदोश या छितरे हुए लोगों ने सभ्य बस्तियों का हिस्सा बनने की कोशिश की तो बसे हुए लोगों ने इन्हें अपने समाज का अंग मानने से इन्कार कर दिया। बसे हुए और छितरे हुए लोगों के आचार-व्यवहार में तब तक बहुत फर्क आ चुका था। बसे हुए ज्यादातर लोग ब्राह्मण मत के प्रभाव में थे जबकि छितरे हुए लोग ज्यादातर बौद्ध थे। लेकिन बसे हुए और छितरे हुए लोगों के हित इस मायने में मेल खाते थे कि दोनों को एक-दूसरे की जरूरत थी। इन छितरे हुए लोगों को बस्तियों से बाहर बसाया गया था। लेकिन बहुत दूर न रहने पर भी दोनों के आचार-व्यवहार का भेद न सिर्फ बना रहा बल्कि ऐतिहासिक कारणों से बढ़ता रहा। और बसे हुए लोग छितरे हुए लोगों से अछूतों जैसा व्यवहार करने

लगे। ये छितरे हुए लोग ही आज के अछूत हैं और सातवीं सदी तक यह प्रथा सामाजिक व्यवस्था का रूप ले चुकी थी।

इस व्यवस्था ने दलितों को आर्थिक रूप से दीन-हीन बनाया है। दलित साहित्य में यह विचार उदात्त रूप से अभिव्यक्त हुआ है। दलित रचनाकार भारतीय सामाजिक व्यवस्था में असमान भूमि वितरण और उससे जुड़े तमाम पहलुओं पर अपनी रचनाओं में तल्ख टिप्पणियाँ प्रस्तुत करता है। आर्थिक मुद्दे मात्र आर्थिक ही नहीं, उनका सामाजिक आधार भी है जिसे नजरअन्दाज नहीं किया जा सकता है।

दूसरी ओर सरकारी नौकरियों ने दलितों के एक अंश को जो आर्थिक प्रोत्साहन दिया है, उससे दलितों में आर्थिक सबलता की ओर जाने की जिजीविषा पनपी है। प्रतिशत अभी कम है। शुरुआत हो चुकी है। यह जिजीविषा दलित साहित्य में देखी जा सकती है।

सन्दर्भ

1. रजतरानी मीनू—नवें दशक की हिन्दी दलित कविता, दलित साहित्य प्रकाशन संस्था, नई दिल्ली, 1996, पृष्ठ 77
2. डॉ. धर्मवीर—हीरामन, शेष साहित्य प्रकाशन, शाहदरा, दिल्ली, 1989, पृष्ठ 55
3. कान्तिमोहन—प्रेमचन्द और अछूत समस्या, जनसुलभ साहित्य प्रकाशन, दिल्ली, 1982, पृष्ठ 5
4. डॉ. भीमराव अम्बेडकर—शूद्र कौन और कैसे ? अनुवादक : भदन्त आनन्द कौसल्यायन, 1949, पृष्ठ 183

दलित साहित्य की शिल्पगत प्रवृत्तियाँ

हिन्दी समीक्षक दलित साहित्य पर कई प्रकार के आरोप लगाते रहे हैं। विशेष रूप से गुणवत्ता को लेकर, भाषा और शिल्प को लेकर दलित साहित्य को खारिज करनेवाले आलोचक हिन्दी में भरे पड़े हैं। इस प्रश्न पर मुद्राराक्षस लिखते हैं : 'अक्सर यह प्रश्न भी उठता है कि दलित रचनाएँ गुणवत्ता की दृष्टि से कमजोर हैं। आखिर यह गुणवत्ता है क्या ! और हमेशा उस गुणवत्ता का धार्मिक निष्ठा के साथ पालन किया गया है ? छन्द इस गुणवत्ता का अनिवार्य तत्त्व था पर आधुनिक कविता ने इसे छोड़ दिया। जिस अलंकार निर्भरता ने रीति साहित्य की गुणात्मकता के मानक स्थापित किए थे, अलंकारधर्मिता को वर्तमान साहित्य में कहाँ देखा जाएगा ? इस सदी के शुरू में खड़ी बोली को कविता के लिए घोर अनुपयुक्त माना जाता था पर आज कविता खड़ी बोली में ही लिखी जाती है।'

आगे वे कहते हैं : 'दरअसल कोई भी नया कथ्य अपने पूर्व की विचार परम्परा से विद्रोह क़रता है। उतनी सीमा तक परम्परा के

सौन्दर्यबोध सम्बन्धी मूल्यों को भी तोड़ता है। वह अपनी भाषा, अलंकारशास्त्र और अपना छन्द-तन्त्र बनाता है। कबीर ने यही किया था। उन्होंने संस्कृत का प्रयोग भी नहीं किया था और तत्कालीन सवर्ण कथ्य की अवधी और ब्रज को भी स्वीकार नहीं किया था। उन्होंने जिस भाषा का आविष्कार किया था, वह देश के बहुसंख्यक गैर साहित्यिक समाज के बोध की भाषा थी। इसीलिए मात्रिक छन्दों का स्वरूप भी उनका अपना था।'

दलित साहित्य ने अपने लिए सहज, सरल और आम बोलचाल की भाषा को अपनाया है।

दलित साहित्य की भाषा

दलित साहित्य ने संस्कृतनिष्ठ परम्परागत साहित्यिक भाषा, काव्यशैली, प्रस्तुतीकरण को नकार कर सर्वग्राही भाषा का प्रयोग किया है। ऐसी भाषा जो दलितों की पीड़ा, अपमान, व्यथा की सही और यथार्थवादी अभिव्यक्ति बन सके। दलित साहित्य की भाषा नकार और विरोध की भाषा है जिसमें युगों की यातनाएँ साकार हो उठी हैं। मोहनदास नैमिशराय, ओमप्रकाश वाल्मीकि, श्यौराजसिंह बेचैन, जयप्रकाश कर्दम आदि रचनाकारों ने इस भाषा को विस्तार दिया है।

विमल थोरात लिखती हैं : 'दलित कविता व्यक्तिगत अनुभवों से सम्पृक्त होने के साथ ही समूह-मन के अनुभवों की अनुभूति भी है।'

'जूठन' (ओमप्रकाश वाल्मीकि), अपने-अपने पिंजरे (मोहनदास नैमिशराय) आत्मकथाओं में दलित साहित्य में चित्रित समूह मन के अनुभवों की अनुभूति विद्यमान है। सूरजपाल चौहान की कहानियों में दलित जीवन की भाषा अपनी सहजता के साथ प्रभावशाली रूप ग्रहण करती है।

कुछ आलोचक दलित साहित्य में गन्दी और अश्लील भाषा के प्रयोग की ओर संकेत करते हैं। उन्हें लगता है साहित्य का पाठ 'पवित्र' होना चाहिए। भले ही उसमें बनावटी भाषा, जो आभिजात्य संस्कारों से रची-बसी हो, का प्रयोग करना पड़े। यह धारणा उचित नहीं है क्योंकि दलित साहित्य कल्पना में नहीं जीता। वह जीवन के कटु यथार्थ से रूबरू होता है।

यातनाओं से उपजी आक्रोशित भाषा एक तेज औजार की तरह भीतर तक झकझोर देती है। दलित समाज की बोली-बानी के ऐसे अनेक शब्द प्रकट होते हैं, जिनसे साहित्य अनभिज्ञ था। यह दलित साहित्य को ताजगी देता है और भाषा की जड़ता भी टूटती है।

दलित जिस परिवेश में जीवन जीते हैं, वहाँ गन्दी गलियों में नंग-धड़ंग घूमते बच्चे हैं, दूषित वातावरण है जिसे पारम्परिक आलोचक नहीं जानते। उस परिवेश की भाषा को अश्लील कहना पूर्वग्रह ही कहा जाएगा।

दलित साहित्य की भाषा गद्यात्मक है जिसमें नकार और विरोध का स्वर मुख्य रूप से उभरता है। दलितों के जीवन की विसंगतियाँ, उत्पीड़न, शोषण और दमन की अभिव्यक्ति के लिए यही भाषा ज्यादा सटीक लगती है। कुछ आलोचक सपाटबयानी का आरोप भी लगाते हैं।

शब्द ही तो थे
जो मनुस्मृति में लिखे गए
राम राज चला गया
पर शम्बूक की चीख अभी बाकी है
जैसे दलितों की पीठ पर
चोट के निशान

शब्द सिसकते नहीं बोलते हैं
चोट करते हैं
जैसे दलित से हरिजन
और हरिजन से दलित

मोहनदास नैमिशराय की ये पंक्तियाँ आलोचनाशास्त्र के पारम्परिक मापदंडों पर हो सकता है किसी समीक्षक को सन्तुष्ट न कर पाएँ, लेकिन अभिव्यक्ति के स्तर पर अपनी संवेदना से झकझोरती हैं। 'शब्द' की मारक शक्ति से दलित अच्छी तरह परिचित हो चुका है। उसने 'शब्द' के अर्थ को जान लिया है। नैमिशराय की इस कविता में व्यक्तिनिष्ठा नहीं समूहनिष्ठा है, जो दलित रचनाकार की सामाजिक प्रतिबद्धता को प्रतिष्ठित करती है।

दलित कविता में जो आक्रोश और विरोध की भाषा है, उसकी

अभिव्यंजना अर्थपूर्ण है। सामाजिक सन्दर्भों से जुड़कर वह अपनी अभिव्यक्ति में एक आह्वान है। डॉ. सी.बी. भारती की कविता 'चुनौती' में छिपी वेदना तड़पकर कहती है—

हमारी भागीदारी के लिए
योग्यता की शर्त
कब तक फेंकोगे तुम
अपना मकड़जाल हम पर ?
घबराओ नहीं
समय आ रहा है
जब हम भी बदेंगे तुमसे
दौड़ने की शर्त
जीतेंगे बाजी
तोड़ेंगे तुम्हारा दर्प।
सुनो ! परिवर्तन की सुगबुगाहट
हवा का रुख
पहचानो ! पहचानो ! पहचानो !!!

नकार, विरोध, प्रतिरोध, विद्रोह को व्यक्त करने के लिए दलित कवि जिस भाषा का प्रयोग करता है वह तेज बहाव की तरह है। नदी के उफनते जल का वेग जो किनारों को तोड़ बन्धनमुक्त होना चाहता है। आलोचकों को इस भाषा के उद्गम को समझना होगा, क्योंकि दलित साहित्य की भाषा का सीधा सम्बन्ध दलित-जीवन से है। अपने दग्ध अनुभवों को दलित रचनाकार सीधे-सीधे साहित्य में प्रस्तुत करता है, बिना किसी लाग-लपेट के।

दलित साहित्य की भाषा सिर्फ नकार और विद्रोह की भाषा ही नहीं है बल्कि परिवर्तन की छटपटाहट और अन्तर्सम्बन्धों की ऊर्जा अपने भीतर सँजोए हुए है। वह अपनी दुःखद स्थितियों पर सन्ताप व्यक्त करता है। लेकिन अतीत के स्याह दिनों में भी अपनी अस्मिता ढूँढ़ना चाहता है—

ओ, मेरे अज्ञात अनाम पुरखो
तुम्हारे मूक शब्द जल रहे हैं
दहकती राख की तरह।
राख : जो लगातार काँप रही है

रोष से भरी हुई।
मैं जानना चाहता हूँ
तुम्हारे शब्द...
तुम्हारा भय...
जो तमाम हवाओं के बीच भी
जल रहे हैं
दीये की तरह युगों-युगों से !

('बस्स ! बहुत हो चुका' संग्रह से)

दलित साहित्यकारों ने वेदना, विद्रोह और आक्रोश के साथ-साथ वैचारिक प्रतिबद्धता को भी अपनी भाषा में प्रधानता के साथ अपनाया है। दलित रचनाकार सामाजिक यथार्थ के प्रति सिर्फ संवेदनशील ही नहीं सजग भी हैं।

दलित साहित्य में बिम्ब और प्रतीक

साहित्य में प्रतीक की महत्ता सर्वविदित है। प्रतीक द्वारा भावना, विचार, बोध आदि की अभिव्यक्ति जहाँ रचना को प्रभावशाली बनाती है, वहीं अर्थपूर्ण भी। प्रतीक द्वारा किसी भी बात को संक्षेप में कहा जा सकता है। दलित साहित्य में समाज की पीड़ा, बेबसी, उत्पीड़न और शोषण से उपजे आक्रोश को, सामाजिक यथार्थ को चित्रित करने के लिए प्रतीकों का प्रयोग हुआ है।

दलित कवि लालचन्द राही दलितों की क्षत-विक्षत स्थितियों को 'वृक्ष' के माध्यय से सशक्त ढंग से अभिव्यक्ति देते हैं—

अब वृक्ष की कटी-छँटी टहनियाँ
पुनः प्रस्फुटित होने लगी हैं
द्रुत गति से
बीसवीं सदी के उत्तरार्द्ध में।

कर्मशील भारती ने 'सैलाब' शीर्षक कविता में एक ऐसा प्रतीक रचा जो समूचे सामन्ती और शोषक समाज की ऐतिहासिक, सामाजिक, सांस्कृतिक प्रकृति को सहज रूप में स्थापित कर देता है—

समूचा शिकार
निगलने के बाद

खूँखार व मक्कार घड़ियाल
जल से निकलकर
किनारे पर बैठा
आहार का रसास्वादन
बड़े मजे
बड़े आराम से लेता है !

दलित कवि का स्वर कटु है, क्योंकि उसने समाज के प्रपंच को हजारों सालों से अपनी त्वचा पर सहा है। उसकी तल्खी प्रतीकों में महसूस की जा सकती है। मुक्ति-संघर्ष की छटपटाहट दलित कविता को ध्वनित करती है। दलित कवि का 'मैं' 'हम' की अभिव्यंजना बन जाता है। पारम्परिक प्रतीकों के स्थान पर दलित कवियों ने मौलिक और नए प्रतीक ईजाद किए हैं।

दलित कविता में 'पेड़', 'लोकतन्त्र', 'भेड़िए', 'जंगली सूअर', 'कुत्ते', शोषण और दमन, गुलामी के प्रतीक हैं। सामाजिक जीवन की घोर अमानुषिकता को रेखांकित करते हैं।

हिन्दी कविता में बिम्ब को लेकर हमेशा एक विभ्रम रहा है। कविता में बिम्ब-सृष्टि का महत्त्वपूर्ण एवं विशिष्ट स्थान माननेवालों की कमी नहीं है। केदारनाथ सिंह का मानना है : 'प्राचीन काव्य में जो स्थान चरित्र का था, आज की कविता में वही स्थान बिम्ब अथवा इमेज का है।'

हिन्दी कविता में कवियों ने बिम्ब पर इतना जोर दिया कि कालान्तर में इसकी रचनात्मक सामर्थ्य और उपयोगिता पर सन्देह किया जाने लगा। नामवर सिंह का भी यही मानना है : 'छठे दशक के प्रारम्भ में उत्पन्न विषम सामाजिक स्थितियों की चुनौती के सामने बिम्ब विधा कविता में अप्रासंगिक सिद्ध होने लगी।'

दलित कविता में बिम्ब दलित जीवन की त्रासदी और उसके यथार्थ को व्यक्त करते हैं। दलित कविता में अँधेरा, आसपास के परिवेश में गन्दगी की सड़ाँध, सीलन भरे तंग मकानों में सिसकती जिन्दगी दलित जीवन के यथार्थ हैं जो उनके जीवन का अविभाज्य घटक बन गए हैं। उन वस्तुओं को दृश्य बिम्ब के स्थान पर रखकर दलित कवि इन्हीं वस्तुओं में अपने जीवन के प्रतिबिम्ब ढूँढ़ता है। 'झाड़ूवाली' कविता में प्रयुक्त बिम्ब देखिए–

रामेसरी के हाथ में थमी बाँस की मोटी झाड़ू
सड़क के ऊबड़-खाबड़ सीने पर
श्च-श्च की ध्वनि तैरती है
उड़ाती है धूल का गुबार।
धूल : जो सैकड़ों वर्षों से
जम रही है पर्त-दर-पर्त
फेफड़ों में रामेसरी के
रँग रही है श्वास नली को
चिमनी-सा
कारखाने से उठते धुएँ-सा।

इन पंक्तियों में झाड़ू, धूल, धुआँ दलित जीवन का यथार्थ है, जो दलित-सन्दर्भों से जुड़े हैं।

दलित कविता में प्रयुक्त बिम्ब आक्रोश और विद्रोह की सशक्त अभिव्यक्ति बनते हैं—

तुम्हें क्यों शर्म नहीं आई ?
गल चुकी मोमबत्तियाँ
आज वह जंगल की आग है
बुझाए न बुझेगी
आग का दरिया बन जाएगी
उसके तेवर पहचानो
सँभालो पुराने जेवर
थान के थान परिधान
नंगेपन पर उतरकर
पुरुष के सर्वस्व को नकार कर
नीचा दिखाएगी

डॉ. सुशीला टाकभौरे की इन पंक्तियों में नारी व्रिदोह का स्वर सुनाई पड़ता है। यह तेवर हिन्दी दलित कविता की पहचान है। दलित कविता ने अन्धकार से लड़ते हुए जुगनू के समान अपने भीतर असंख्य सूर्यों को जन्म दिया है जो उसकी अभिव्यक्ति को शक्ति देता है। सूर्य, रोशनी, प्रकाश, रात-दिन, ज्वालामुखी, समुद्र, तूफान दलित कविता में शब्द-भर नहीं हैं बल्कि ये आवेगपूर्ण अनुभवों की अभिव्यक्ति हैं।

दलित कविता में राजनीतिक बिम्ब भी गहरे सरोकारों से जुड़े हैं। राजनीतिक प्रपंच भय उत्पन्न करते हैं। मोहनदास नैमिशराय की कविता में सशक्त अभिव्यक्ति दलित कविता को एक नया आयाम देती है—

उनका शोर सुनकर
माताओं के स्तन मुँह में डाले
बच्चे चौंक उठते हैं
पिता खिड़की पकड़ते हैं
साँकल, सिटकनी, चैक करते
कमजोर दरवाजों को छूकर
उनकी ताकत का अहसास करते हैं
कुत्ते सतर्क हो उठते हैं
और आदमी
अपने-अपने भुतहा-कटघरों में
अपनी धड़कनों को ही
सुनने का प्रयास करते हैं।

अपने विद्रोही और आग्नेय शब्दों में लिपटे हुए बिम्ब उस आजादी के लिए हैं जिसमें करोड़ों दलित आज भी गुलाम हैं। सी.बी. भारती की कविता में यह बिम्ब अपनी आक्रोशपूर्ण अभिव्यक्ति से प्रभावित करता है—

तुमने जी है गुलामी
कीड़े-मकोड़ों से बदतर जिन्दगी
छीजती इज्जत
बिखरते सम्मान
लुटती बहन-बेटियों की आबरू
तुमने भोगी है
भोगी है !!

दलित साहित्य में मिथक

दलित कवियों ने अपनी रचनाओं में मिथकों का भरपूर प्रयोग किया है। कर्ण, एकलव्य, शम्बूक नायक की भूमिका में प्रतिष्ठित हुए हैं।

पुरातन और पौराणिक मिथकों के द्वारा विद्रोह और विरोधात्मक स्वर को अभिव्यक्ति मिली है।

अँधेरे की गहन गुफा को
घाव सहने दो
जाओ द्रोण जाओ
दर्द को हरियाने दो
एकलव्य मैं पहले था
आज भी हूँ
अब जान गया हूँ
अँगूठा दान क्यों माँगते हो ?

डॉ. दयानन्द बटोही की इस कविता 'द्रोणाचार्य सुनें : उनकी परम्पराएँ सुने' में एकलव्य की पीड़ा को अतीत से लाकर वर्तमान में जोड़ा है, जहाँ आज भी शिक्षा संस्थानों में द्रोणाचार्य की परम्परा के वाहक अनेकों एकलव्यों की प्रतिभाओं को क्षत-विक्षत कर रहे हैं।

दलित कवियों ने ऐतिहासिक, पौराणिक मिथकों के द्वारा दलित जीवन की विसंगतियों और सामाजिक सन्दर्भों की वास्तविकता को रेखांकित किया है। कर्ण, एकलव्य, शम्बूक, सीता दलितों की जिजीविषा और विद्रोह के प्रतीक बन गए हैं। रामायण, महाभारत के अनेक मिथकों के द्वारा दलित जीवन की दाहक स्थितियों को उभारा गया है।

दलित रचनाओं में मिथक कथाएँ, जातक कथाएँ, दलित जीवन की पीड़ाओं का चित्रण करती हैं। उनके विद्रोह, विक्षोभ की भावनाओं, अस्मिता की तलाश, अस्तित्व के लिए जूझते सरोकारों को रेखांकित करती हैं।

शम्बूक, तुम्हारा रक्त जमीन के अन्दर
समा गया है,
जो किसी भी दिन
फूटकर बाहर आएगा
ज्वालामुखी बनकर।

('सदियों का सन्ताप' से)

धरती और आकाश के बीच
टूटकर गिरता है कोई नक्षत्र
अँधेरी रात में
किसी कर्ण की सिसकियाँ
रुँध-रुँध जाती हैं
शम्बूक की अभिशप्त हत्या
और एकलव्य के साथ
किए गए छल को साथ लिये
मेरी पीढ़ी
जंगलों, पहाड़ों, नदियों और नालों में
खोज रही है
गत और विगत के बीच की मौन शिलाएँ
('सदियों का सन्ताप' से)

धर्म, दर्शन, पौराणिक मिथकों की पुनर्व्याख्या दलित कविताओं की विशेषता है। हिन्दू दर्शन समस्त मानव की ही नहीं जीव मात्र की आत्मा को एक ही ब्रह्म का अंश मानता है। लेकिन दलितों के प्रति उसकी निर्ममता अमानवीय है–

तुम्हारे रचे शब्द
तुम्हें ही डसेंगे साँप बनकर
गंगा किनारे कोई वटवृक्ष ढूँढ़ लो,
कर लो भागवत का पाठ
आत्मतुष्टि के लिए
कहीं अकाल मृत्यु के बाद
भयभीत आत्मा
भटकते-भटकते
किसी कुत्ते या सूअर की मृत देह में
प्रवेश न कर जाए
या फिर पुनर्जन्म की लालसा में
किसी डोम या चूहड़े के घर
पैदा न हो जाए
चूहड़े या डोम की आत्मा
ब्रह्म का अंश क्यों नहीं है

मैं नहीं जानता
शायद आप जानते हों !
('बस्स ! बहुत हो चुका' से)

रमणिका गुप्ता दलित साहित्य के सौन्दर्यशास्त्र में विद्यमान मूलभूत तत्त्वों की ओर ध्यान आकर्षित करते हुए कहती हैं : 'दलित साहित्य ने नए बिम्ब गढ़े, पौराणिक मिथकों की परिभाषा बदल डाली। नए मिथक बनाए, गौरवान्वित झूठ और आस्था पर चोट की और चमत्कार को तोड़ा। अनुभवों की प्रामाणिकता से दलित साहित्य में नया तेवर उभरा जो सीधे मन को छूता है। विश्वसनीय है। यह वर्तमान साहित्यिक के लिजलिजेपन और बासीपन तथा एकरूपी, रसवादी प्रणाली से भिन्न है और चमत्कारी कल्पनाओं से बिल्कुल अलग होता है। इसके दायरे में अन्धविश्वास, भाग्य, पूर्वजन्म के कर्म, धर्म या भगवान नहीं आते। यह प्रत्यक्ष यथार्थ से मुक्त है, जीवन्त है। जुल्मों से जूझते हुए, मरते हुए और जीते हुए के बीच के, इर्द-गिर्द के स्त्री-पुरुषों को सामने लाता है।'

पारम्परिक मान्यताओं और आदर्शों से भिन्न दलित साहित्य ने अपना रास्ता चुना है। पौराणिक आदर्श पात्र उसे नायक नहीं लगते। उनके चरित्र के दोहरे मापदंडों को बारीकी से विश्लेषित कर दलित रचनाकार उनके दूसरे रूप को उजागर करता है। नायक को खलनायक में परिवर्तित करके दलित लेखक किसी बदले की भावना का प्रतिकार नहीं करता है, बल्कि जीवन-मूल्यों में छिपी विसंगतियों पर प्रहार करता है। उसकी भाषा जटिल संरचना के साथ उन स्थितियों को उभारती है जो मनुष्य का शोषण कर उसे दासता की ओर ले जाती हैं। 'रामायण' और 'महाभारत' के अनेक पात्रों ने दलित रचनाकारों का ध्यान खींचा है। दलित साहित्य में कर्ण, एकलव्य, शम्बूक नायकत्व प्राप्त कर चुके हैं। उनकी सोच एवं दृष्टि ने ऐसे अनेक अध्यायों को खँगाला है, जो भारतीय जनमानस को हजारों साल से प्रभावित करते रहे हैं। इन मान्यताओं के आधार पर पात्रों का पुनर्गठन भी एक अलग प्रक्रिया है जो प्रचलित सौन्दर्यशास्त्र की मान्यताओं को विखंडित करती है।

सन्दर्भ

1. मुद्राराक्षस—साहित्य की संस्कृति में दलित, राष्ट्रीय सहारा (29 नवम्बर, 1998), पृष्ठ 14
2. विमल थोरात—मराठी दलित कविता और साठोत्तरी हिन्दी कविता में सामाजिक और राजनीतिक चेतना, हिन्दी बुक सेंटर, नई दिल्ली, 1996, पृष्ठ 142
3. मोहनदास नैमिशराय—'शब्द' (कविता), युद्धरत आम आदमी, अंक 31, जुलाई-सितम्बर, 1998, दलित चेतना विशेषांक, (सं. रमणिका गुप्ता), पृष्ठ 45
4. डॉ. सी.बी. भारती—'चुनौती' (कविता), वही, पृष्ठ 82
5. ओमप्रकाश वाल्मीकि—'बस्स ! बहुत हो चुका' (कविता-संग्रह), वाणी प्रकाशन, नई दिल्ली, 1997,
6. लालचन्द राही—चेतना के स्वर (सं. डॉ. एन सिंह), अभिरुचि प्रकाशन, दिल्ली, 1998, पृष्ठ 16
7. कर्मशील भारती—वही, पृष्ठ 61
8. केदारनाथ सिंह—तीसरा सप्तक (सं. अज्ञेय), पृष्ठ 116
9. नामवर सिंह—कविता के नए प्रतिमान : काव्य बिम्ब और सपाटबयानी, इतिहास और आलोचना, राजकमल प्रकाशन, तृतीय संस्करण, 1979, पृष्ठ 113
10. ओमप्रकाश वाल्मीकि—झाड़ूवाली, सदियों का सन्ताप, फिलहाल प्रकाशन, देहरादून, 1989, पृष्ठ 16-17
11. डॉ. सुशीला टाकभौरे—आज की खुद्दार औरत, युद्धरत आम आदमी, अंक, 31, जुलाई-सितम्बर, 1995, पृष्ठ 67-68
12. मोहनदास नैमिशराय—रात में डूबा लोकतन्त्र, वही, पृष्ठ 46
13. डॉ. सी.बी. भारती—सिसकता आत्मसम्मान, वही, पृष्ठ 83
14. डॉ. दयानन्द बटोही—द्रोणाचार्य सुनें : उनकी परम्पराएँ सुनें, वही, पृष्ठ 93
15. ओमप्रकाश वाल्मीकि—शम्बूक का कटा सिर, सदियों का सन्ताप, फिलहाल प्रकाशन, देहरादून, 1989, पृष्ठ 13
16. ओमप्रकाश वाल्मीकि—शायद आप जानते हों, बस्स ! बहुत हो चुका, वाणी प्रकाशन, नई दिल्ली, 1997
17. रमणिका गुप्ता—खरी-खरी बात, सम्पादकीय, युद्धरत आम आदमी, अंक 41-42, 1998, पृष्ठ VI

कब तक इन प्रश्नों से बचेगा मार्क्सवाद

दलित साहित्य और दलित चेतना इन दिनों जहाँ चर्चा के केन्द्र में है, वहीं दूसरी ओर परम्परावादियों के साथ प्रगतिवादी, यथास्थितिवादी खेमों में अजीब तरह की खीझ दिखाई पड़ रही है। यथास्थितिवादियों और परम्परावादियों की बात तो समझ में आती है लेकिन जिन प्रगतिवादियों को दलित साहित्य का पक्षधर होना चाहिए था, वे भी विरोध में हथियार भाँज रहे हैं। क्या उनका मार्क्सवादी चेहरा एक मुखौटा भर है ? या फिर उनकी आभिजात्य मानसिकता पर चोट पहुँच रही है ?

'नया पथ' (अंक 26, जनवरी, 1998) में दलित साहित्य और दलित चेतना शीर्षक से डॉ. नामवर सिंह, काशीनाथ सिंह, दूधनाथ सिंह, सुधीर कुमार सिंह तथा परमानन्द श्रीवास्तव की बातचीत (जिसे

नामवरजी का एकालाप कहा जाए) छपी है। ज्यादातर प्रश्न दूधनाथ सिंह जी ने ही किए हैं, और नामवरजी को उत्प्रेरित करने के लिए किए गए हैं। इस बातचीत की प्रमुख चिन्ता है—दलित साहित्य किसे कहा जाए ! उसे जो जन्मना दलित ने लिखा है या उसे जो प्रेमचन्द, निराला और दूधनाथ सिंह ने। समूची बातचीत इसी बिन्दु के इर्द-गिर्द केन्द्रित होकर रह गई है। इस चर्चा में कुछ और संकेत भी हैं, जैसे दलित साहित्य का मूल्यांकन मार्क्सवादी दृष्टिकोण से करना जो एक भ्रम की स्थिति पैदा करता है जिसमें गलत अवधारणाएँ तथा निष्कर्ष स्थापित होते हैं। नामवरजी तथ्यों को तोड़-मरोड़कर, अलग-अलग सन्दर्भों के साथ जोड़ देने में माहिर हैं। उनकी वाक्पटुता जगजाहिर है। उन्होंने इस बातचीत में दलित साहित्य की जो परिभाषा दी है, वह किसी वैचारिक प्रतिबद्धता या सामाजिक परिदृश्य से उत्पन्न स्थितियों के आकलन पर आधारित नहीं है। न ही सामाजिक वितृष्णाओं को रेखांकित करने की कोशिश की गई है। एक उपाहासात्मक परिभाषा देकर समूची चर्चा को ठिकाने लगा देने का हथकंडा अपनाया है। साथ ही दलित साहित्य के पक्षधरों को भी अवसरवादी होने के आरोप में लपेटा है।

इस चर्चा में यह भी खुलकर सामने आया है कि नेतृत्व का संकट नामवरजी को दिखाई पड़ रहा है। गत तीस-चालीस वर्षों में जो भी गतिविधियाँ हिन्दी में उभरीं, विशेष रूप से विश्वविद्यालयीन स्तर पर, उनमें नामवरजी किसी-न-किसी रूप में विद्यमान हैं। आलोचना और स्थापनाओं के क्षेत्र में उनका एकछत्र राज्य है। कविता, कहानी, उपन्यास कोई भी लिखे, डंका नामवरजी का ही बजता है। लेकिन दलित साहित्य आन्दोलन में वे चूक गए हैं। दलित अभिव्यक्ति के आक्रोश को वे पचा नहीं पा रहे हैं। चाहे गोरखपुर में प्रेमचन्द स्मृति कार्यक्रम हो, चाहे शिवपुरी और 'हंस' की संगोष्ठियाँ, सभी जगह नामवरजी विरोध की भाषा बोलते रहे हैं। संवाद की स्थिति समाप्त कर विमर्श पर विरामचिह्न लगा देते हैं।

उनका एक आग्रह है कि दलित साहित्य मार्क्सवादी आलोचना शास्त्र के मापदंडों को ध्यान में रखकर लिखा जाए। इसका सीधा अर्थ है 'वर्ण' को अनदेखा किया जाए। क्या 'वर्ण और वर्ग' में कोई मूलभूत अन्तर नहीं है ? भारतीय समाज-व्यवस्था की जटिल बुनावट

को प्रगतिवादी अनदेखा करके 'वर्ण और वर्ग' को एक ही मान रहे हैं। इस सोच की पृष्ठभूमि में भारतीय मार्क्सवादियों के पारिवारिक संस्कार ही हैं। क्योंकि मार्क्सवादी संगठनों का नेतृत्व प्रारम्भ से ही ब्राह्मण या ठाकुरों के हाथ में है। इसीलिए वर्ण-व्यवस्था की निर्ममता से वे अनभिज्ञ हैं। वर्ण-व्यवस्था से छेड़छाड़ किए बगैर वे मार्क्सवादी-व्यवस्था को लागू करना चाहते हैं। गत पचास-साठ वर्षों में उनकी यह जंग दलितों की सामाजिक, आर्थिक, राजनीतिक, शैक्षणिक हैसियत बढ़ाने में असमर्थ रही है।

इसी ऊहापोह में नामवरजी अरुण शौरी की भाषा में डॉ. अम्बेडकर पर आरोप दागने लगते हैं, क्योंकि दलित साहित्य और दलित चेतना के पार्श्व में डॉ. अम्बेडकर-दर्शन एक ऊर्जा स्रोत की तरह है। नामवरजी की चिन्ताओं में यह भी एक बिन्दु है कि दलित अम्बेडकर को अपना आदर्श क्यों मान रहे हैं। यानी दलितों को अपना प्रेरणा-स्रोत चुनने के लिए भी दूसरों की राय पर चलना होगा, उनका अपना स्वतन्त्र विचार रखना अर्थहीन है।

डॉ. अम्बेडकर-दर्शन ही दलितों में अस्मिता पहचान की ललक पैदा कर सका है जिस पर नामवरजी अमूर्त कटा-कटा दर्शन विकसित करने का आरोप लगा रहे हैं। जबकि डॉ. अम्बेडकर-दर्शन मानवीय संवेदनाओं, समतामूलक समाज की स्थापना, स्वतन्त्रता के अधिकार, पारस्परिक बन्धुत्व भाव उत्पन्न करने और वर्ण-व्यवस्था से मुक्त होकर जीवन जीने के सरोकारों का दर्शन है। इसी विचार से प्रेरणा लेकर दलित अपनी पहचान तलाशना चाहता है। जीवन की इसी जद्दोजहद ने दलित अभिव्यक्ति को सामाजिक उत्तरदायित्व से जोड़ा है। यह एक मुक्ति-संघर्ष है।

राजनीतिक गठजोड़ों और उनकी विफलताओं की चर्चा करते हुए, नामवरजी एक उदाहरण और भी है जिसे भूल जाते हैं। कामरेड डाँगे और डॉ. अम्बेडकर ने मिलकर बम्बई में मजदूर संगठन बनाया था। गोदी कामगारों ने उनके नेतृत्व में ऐतिहासिक हड़ताल की थी। लेकिन यह गठजोड़ भी टूटा। डाँगे भी एक सांस्कारिक ब्राह्मणवादी कामरेड थे। उनके लिए 'वर्ग' की अवधारणा 'वर्ण' से ज्यादा थी।

नामवरजी इस चर्चा में यह तो स्वीकार करते हैं—'जन्मना दलित होने के कारण अनुभव के जिन आसंगों से एक आदमी को गुजरना

पड़ता है, उसका प्रत्यक्ष अनुभव स्वयं एक दलित को जैसा है, अपनी पूरी अनुभूतियों व कल्पना का विस्तार करने के बावजूद मैं, जो एक गैर-दलित हूँ, उस अनुभव को उसी तीव्रता और तनाव से आपको अनुभव नहीं करा सकता।'

इस तथ्य को स्वीकारने के बाद भी नामवरजी यह मानने को तैयार नहीं हैं कि दलित की पीड़ा को दलित जिस सच्चाई और गहराई से अभिव्यक्त कर सकता है, वह गैर-दलित नहीं। नामवरजी का यह अन्तर्विरोध उन्हें दलित साहित्य के पक्ष में खड़ा होने से रोकता है। मजबूरी क्या है नामवरजी ही बता सकते हैं।

डॉ. अम्बेडकर के विचार मात्र दार्शनिक विवेचनाओं पर ही आधारित नहीं हैं, बल्कि जीवन की तल्खियों से निर्मित अनुभवों को आधार बनाते हैं। यदि अम्बेडकरवादियों के अन्तर्द्वन्द्व और टुकड़ों में बँट जाना विफलता है, तो टुकड़े वामपन्थियों, मार्क्सवादियों के भी कम नहीं हुए हैं। उनके अन्तर्द्वन्द्व भी जगजाहिर हैं।

डॉ. अम्बेडकर पर उपनिवेशवादियों से गठजोड़ का आरोप बेबुनियाद है। डॉ. अम्बेडकर दलितों की मुक्ति को सर्वोपरि मानते थे। उनका कहना था कि अंग्रेजों से आजादी मिल भी गई तो भी ब्राह्मणशाही की गुलामी से हमें छुटकारा नहीं मिलेगा। इसी गुलामी से वे पहले मुक्त होना चाहते थे।

हिन्दी साहित्य सवर्ण साहित्य है, इसे सिद्ध करने के लिए बहुत ज्यादा शोध की जरूरत नहीं है। रामचन्द्र शुक्ल का हिन्दी साहित्य का इतिहास ही काफी है। प्रसाद, पन्त, महादेवी, निराला, नागार्जुन भी इसी परिधि में आते हैं। उनकी रचनाओं के जीवन-मूल्य क्या हैं ? इनका विश्लेषण और मूल्यांकन होना आवश्यक है। 'राम की शक्तिपूजा' किसी प्रगतिशील, मार्क्सवादी, जनवादी विचार को स्थापित करती है। निराला इस रचना में किसी सर्वहारा की चिन्ता कर रहे हैं या एक कर्मकांडी सामन्त की। 'राम की शक्तिपूजा' की भाषा और शिल्प के मुख्य सरोकार क्या हैं ?

जहाँ तक दलित साहित्य की 'कैटेगरी' का सवाल है, वह अपनी 'कैटेगरी' न भी बनाए तो भी वह रहेगा तो भंगी-चमारों का साहित्य ही। यही तो त्रासदी है।

'कफन' के बचाव में जो तर्क नामवरजी के हैं, वे रूढ़िगत मनोवृत्ति

से दिए जा रहे हैं। किसी रचना का मूल्यांकन क्या सिर्फ शब्दजाल या बौद्धिक आख्यान भर होता है ? या इससे परे भी कुछ अर्थ रखता है। दलित रचनाकार 'कफन' का अर्थ उसी दृष्टकोण से नहीं लेता जैसे एक गैर-दलित। इस असहमति और दृष्टि-भिन्नता पर नामवरजी की खीझ जिन शब्दों में प्रकट होती है, वह देखने योग्य है—'जब अपना दोस्त भी दुश्मन दिखाई देने लगे तो यह मनोचिकित्सा का विषय है।' दलित यदि नामवरजी के स्याह को स्याह, सफेद को सफेद कहें तो ठीक वर्ना मनोरोगी हैं। नामवरजी की भड़ास शालीनता के मापदंडों को लाँघकर कुछ ऐसा कहला देती है जो एक बुद्धिजीवी से उम्मीद नहीं की जाती—'जैसे कुत्ते का काटा पानी से डरता है...तो ये (दलित) किनके काटे हुए हैं।' नामवरजी, ये ब्राह्मणशाही और ठाकुरवाद के काटे हुए हैं। जो मुखौटे बदल-बदलकर इन्हें छलते हैं, जिसे पक्ष में खड़ा होना चाहिए था वे विरोध में खड़े हैं, मार्क्सवाद का मुखौटा पहनकर। इसी प्रवाह में वे दूधनाथ सिंह जी की 'हंस' में प्रकाशित कहानी 'धर्मक्षेत्रे-कुरुक्षेत्रे' को दलित कहानी स्थापित कर देते हैं। बधाई ! दूधनाथ सिंह जी।

दलित चेतना का सीधा सम्बन्ध अम्बेडकर-दर्शन से है। वही प्रेरणास्रोत भी है। सामाजिक उत्पीड़न, सामन्ती सोच, वर्ण-व्यवस्था से उपजी ऊँच-नीच ने दलितों को शताब्दियों से मानसिक गुलामी में जकड़कर रखा हुआ है। उसकी मुक्ति के तमाम रास्ते बन्द थे, इस गुलामी से मुक्त होने का विचार ही दलित चेतना है जिसे ज्योतिबा फुले और डॉ. अम्बेडकर ने दार्शनिक आधार दिया जिसका केन्द्रबिन्दु यही शोषित सामान्य जन है। मार्क्सवाद का केन्द्रबिन्दु भी यही शोषित, पीड़ित जनमानस है। बौद्ध तत्त्वज्ञान भी मानव और उसके शोषण पर विचार करता है। इस तत्त्वज्ञान में उस काल में होनेवाले शोषण के विरुद्ध और शोषण विषयी विद्रोह है। मनुष्य की श्रेष्ठता कैसे बढ़े इस पर विचार किया गया है।

समय और कालावधि में निर्मित समाज-व्यवस्था के सन्दर्भ में इन तीनों के विचारों के स्वरूप अलग हैं, लेकिन उनके तत्त्वज्ञान का केन्द्रबिन्दु एक ही है यानी शोषण से मनुष्य की मुक्ति। दलित साहित्य शोषण के विरुद्ध है। वह मानव-मुक्ति के लिए आवाज उठाता है। ये विचार परस्पर विरोधी नहीं बल्कि एक-दूसरे के पूरक हैं। यहाँ

भारतीय मार्क्सवादियों की संस्कारिक मनोवृत्ति की बात मैं नहीं कर रहा हूँ, मार्क्सवादी विचार के मूल तत्त्वों की बात कर रहा हूँ।

किसी रचना के सन्दर्भ में इस तत्त्वज्ञान पर ध्यान देना आवश्यक है। तत्त्वज्ञान या विचार के कसाव से रचनाकार के दृष्टिकोण और संवेदना की पहचान होती है। उसी से रचना साकार होकर सार्थकता ग्रहण करती है, और एक अलग स्वरूप पाती है।

दलित साहित्य आन्दोलन मात्र एक साहित्यिक आन्दोलन नहीं है। एक सांस्कृतिक एवं सामाजिक आन्दोलन भी है। हजारों वर्षों से अँधेरे कुहासे में बन्द दलित समाज ज्ञान से वंचित रह रहा है। दलित साहित्य इन शोषितों, पीड़ितों की इच्छाओं, आकांक्षाओं का चित्रण करनेवाला साहित्य है। उनके उठकर खड़े होने का संघर्ष, दिन-प्रतिदिन होनेवाले अपमान, उनके अनुभव और समूचे घटनाक्रमों को देखने का उनका दृष्टिकोण है। इन सबका प्रतिबिम्ब साहित्य में पड़ना अपरिहार्य है। लेखक भी इसी समाज की उपज है। घटनाओं को देखने का उसका अपना दृष्टिकोण और उसके विविध अंगों के अर्थ लगाने की विचार-शक्ति उसके पास है। यदि नामवरजी स्याह को सफेद बताएँ तो यह दलित लेखक की स्वतन्त्रता है कि वह कैसे रिएक्ट करे। धारणाओं और शास्त्रीय मापदंडों को नए सिरे से खँगाले। उन पर चर्चा करे।

दलित साहित्य न मार्क्सवाद का विरोधी है, न जनवाद का। दलित रचनाकार उस दोहरी मानसिकता का विरोधी है जो बाहर से मार्क्सवादी, साम्यवादी और भीतर से फासिस्टों की पक्षधर है। शोषणविहीन समाज की परिकल्पना को साकार करने के लिए मार्क्सवादी विचारक 'वर्ग' के साथ 'वर्ण' को अपनी लड़ाई का लक्ष्य बनाने में ढुलमुल क्यों हैं ? भारतीय समाज में 'वर्ण' एक सच्चाई है जिसने सदियों से इस देश के जनमानस को सिर्फ टुकड़ों में ही नहीं बाँटा, उनके मानवीय सरोकारों को भी छिन्न-भिन्न किया है। भारतीय मार्क्सवादी, प्रगतिवादी, जनवादी इस सच्चाई से कब तक मुँह मोड़े रहेंगे। यह लड़ाई किसी एक व्यक्ति की नहीं, उन तमाम लोगों की है जो मनुष्य की बेहतरी के लिए चिन्तित हैं। सहमति, असहमतियों के बावजूद साहित्य को अपनी भूमिका पूरी ईमानदारी और जिम्मेदारी से निभानी होगी, तभी शोषणमुक्त समाज की परिकल्पना साकार होगी।

हिन्दी समीक्षा और दलित साहित्य

हिन्दी समीक्षा अपनी त्रासद स्थितियों से गुजर रही है। कई प्रकार के व्यामोह और भ्रम के आवरणों में लिपटी साहित्यिक उपलब्धियों के सकारात्मक रूप को स्थापित करने के बजाय नकारात्मक को ही बढ़ा रही है। समीक्षकों की राय और मान्यताओं में विरोधाभास भरे हुए हैं। 'उत्कृष्टता' एवं 'पवित्रता' के नाम पर जातीय संकीर्णता और साम्प्रदायिक मूल्यों को स्थापित किया जा रहा है।

इस आलोचना में प्रमुख तर्क होता है मुख्यधारा का जो वास्तविक अर्थों में सवर्ण मुख्यधारा है जो अपनी रचनात्मक स्वायत्तता को लेकर सदैव आत्ममुग्ध होती रही है। इस आत्ममुग्धता की सबसे प्रबल मान्यता है कि जिसे वह अपनी सौन्दर्य-बोधता समझते हैं, वही मूल्य सार्वभौम होता है। कला और शिल्प के प्रति भी यही धारणा है।

मुद्राराक्षस भी मुख्यधारा को सवर्णों की दुनिया मानते हैं। उनका कहना है कि 'यह साहित्य की मुख्यधारा अन्ततः सवर्ण पुरुषों, साहित्यकारों की ही दुनिया है और स्त्री जाति या दलित जातियों के

रचना संसार को अलग से मान्यता नहीं देती। ज्यादा-से-ज्यादा वह उन्हें अपनी एक छठी उँगली की तरह स्वीकार कर सकती है जिसे रक्त उसका शरीर ही देता है।'

मुद्राराक्षस लिखते हैं कि 'रचना के जिन मूल्यों को वह (रावर्ण) शाश्वत और सार्वभौम समझता है, उसके बारे में वह कभी कोई सन्देह नहीं करता है, उसे भी वह अपने उसी खाते में जमा कर लेता है।'

इस मुख्यधारा पर टिप्पणी करते हुए राजेन्द्र यादव कहते हैं : 'स्वतन्त्रता से पहले, लगभग 90 प्रतिशत हिन्दी साहित्य की मुख्यधारा पटना, बनारस, इलाहाबाद, लखनऊ, इन्हीं चार-पाँच शहरों तक सीमित रही है...सनातनता में रहनेवालों की यह कैसी असंवेदनशीलता है कि आसपास कुछ भी घटित होता रहे, मुख्यधारा का साहित्य दसियों साल उसका नोटिस ही नहीं लेता...शायद यही कारण है कि अधिकांश हिन्दी लेखन या तो जीवनहीन है भयानक रक्ताल्पता का शिकार। अपनी उस कमजोरी को वह बौद्धिक घटाटोप से पूरा करता है।'

इसीलिए हिन्दी समीक्षा कीं यह एक वैचारिक त्रासदी है कि जिस कृति की भाषा गूढ़, आध्यात्मिक, तत्त्वज्ञान से भरी हो, वह कृति समीक्षकों को श्रेष्ठ लगती है और जिसमें आम आदमी अपनी सामान्य साधारण रोजमर्रा की भाषा में, अपना दुःख-सुख, व्यथा व्यक्त कर रहा है, वह समीक्षकों को कमजोर, कच्चेपन की रचना लगती है। यानी जिसमें साधारण जीवन की साधारण भाषा हो, वह निकृष्ट है। यह हिन्दी समीक्षा की वास्तविकता है, जो साहित्य की व्यापकता को नष्ट कर रही है।

हिन्दी में प्रयोगवादी, अकविता, अकहानी आदि जो भी दौर आए वे साहित्य की जनोन्मुख भावना के विरुद्ध ही खड़े दिखाई दिए हैं। उनका नकारात्मक रुख मानव विरोधी ही रहा है। उस दौर के प्रगतिशील और जनवादी आलोचक भी अपने निहित स्वार्थों के कारण तेज-तर्रार और साधनसम्पन्न लेखकों को स्थापित करने में लगे रहे। साहित्य की पुराणपन्थी, सामन्ती मूल्य चेतना को महिमामंडित करते रहे। पुराने सामन्ती मूल्यों और विश्वासों को साहित्य में जमाए रखने में ही उन्हें अपनी सुरक्षा नजर आने लगी। मनुष्य की स्वतन्त्रता और भाई-चारे की भावना उनके लिए तर्कहीन, अर्थहीन थी। ऐसे अनेक समीक्षक हिन्दी में स्थापित हुए जो अपने निहित स्वार्थों के दायरों में

बँधकर पारस्परिक हितों को ही सर्वोपरि मानते रहे हैं। ऐसे ही समीक्षकों ने दलित साहित्य और दलित चेतना का विरोध कर मानव-मूल्यों का मखौल उड़ाया। 'नया पथ' (अंक 26 जनवरी, 1998) में प्रकाशित 'बातचीत : दलित चेतना और दलित साहित्य'—डॉ. नामवर सिंह से काशीनाथ सिंह, दूधनाथ सिंह, परमानन्द श्रीवास्तव और सुधीर कुमार सिंह की बातचीत में यह तथ्य उभरकर आता है। इस बातचीत की 'भाषा' ध्यान देने योग्य है। हिन्दी साहित्य के ये विद्धान, समीक्षक, मठाधीश जिस भाषा में, जिस लहज़े में बोल रहे हैं वह हिन्दी समीक्षा का निकृष्टतम रूप है।

साहित्य के माध्यम से हमें समाज और वस्तुजगत को वैज्ञानिक और समाजशास्त्रीय ढंग से समझने की कोशिश अथवा मनुष्य की स्वतन्त्रता, गरिमा और व्यक्तित्व का विकास करने के लिए समान अधिकारों जैसे मानवीय मूल्यों की पक्षधरता स्थापित करना चाहिए थी। लेकिन हुआ ठीक इसके विपरीत। जनवादी और प्रगतिवादी मूल्यों के नाम पर कुछ ऐसे मूल्यों का प्रचार-प्रसार करते रहे जो बाह्य रूप से तो बहुत ही आकर्षक लग रहे थे, लेकिन भीतर-ही-भीतर वे सामन्ती, पूँजीवादी एवं वर्ण-व्यवस्था समर्थक मूल्यों को स्थापित करने में लगे थे। परिवर्तन की प्रक्रिया लगातार धीमी पड़ रही थी जो यथास्थिति बनाए रखने की पक्षधर थी।

ऐसे ही समीक्षकों ने उन रचनाओं और कृतियों को स्थापित कर साहित्य की श्रेष्ठ कृतियों में शामिल किया जो मानवीय मूल्यों के नकारात्मक पक्ष को उजागर करती थी। चाहे प्रेमचन्द की कहानी 'कफन' हो, या अमृतलाल नागर का उपन्यास 'नाच्यौ बहुत गोपाल', निराला की 'राम की शक्ति पूजा' कविता हो या फिर गिरिराज किशोर का 'परिशिष्ट' उपन्यास।

ओमप्रकाश ग्रेवाल का मानना है : 'आठवें दशक से पहले सभी साहित्यकार इस बात के कायल हो गए हैं कि किसी भी साहित्य-कृति को समझने के लिए इतना भर जरूरी है कि हमारे सामने पृष्ठ पर जो शब्द हैं, उनके समुचित प्रभाव को अवधानतापूर्वक ग्रहण किया जाए तथा उनके सामूहिक अर्थ व्यापार से जो विशिष्ट अन्तर्ग्रन्थित संरचना उभरकर आती है उसे पहचान लिया जाए।'

इस पद्धति के आधार पर लिखी गई समीक्षाएँ उन तमाम स्थितियों

और अनुभवों को नजरअन्दाज करती रही हैं जो किसी भी रचना के परिवेश, वैचारिक मूल्यों को उजागर करती हैं। किसी भी रचनाकार के अनुभवों की विशिष्टता को समझने के लिए आवश्यक है कि उसके जीवन से सम्बन्धित अन्य जानकारी भी हासिल की जाए। किसी रचनाकार को प्रेरित करनेवाले मुख्य कारकों, उसके उद्देश्यों, उसके अपने निजी जीवन के अन्तर्द्वन्द्वों, संघर्षों को अनदेखा करके किया गया मूल्यांकन गलत निष्कर्षों को जन्म देता है। हिन्दी समीक्षा इन खतरों से टकराने से डरती रही है। इसीलिए हिन्दी में उन रचनाकारों को निकृष्ट माना जाता है जो वर्तमान के अन्तर्द्वन्द्वों, संघर्षों से टकराने का साहस पैदा करते रहे हैं।

इसका प्रभाव पाठक पर भी नकारात्मक ही पड़ता है। वह भी समीक्षक के नजरिए को ध्यान में रखकर रचना के कथ्य और कथन को अलग-अलग देखने की कोशिश नहीं करता।

किसी भी कृति में सम्प्रेषित होनेवाले अनुभव की सार्थकता को ठीक से समझने के लिए हमें उसके आन्तरिक संरचना के विभिन्न घटकों पर ध्यान केन्द्रित करके उसके परस्पर सम्बन्धों को अपनी कल्पना शक्ति, संवेदनशीलता तथा विश्लेषण बुद्धि के सहारे उसके वैचारिक पक्ष और सामाजिक संवेदनाओं को उजागर करना होता है।

हिन्दी समीक्षकों ने साहित्य और राजनीति का एक ऐसा भ्रम पैदा कर दिया है जो किसी भी रचनाकार को वर्तमान के संघर्षों से विमुख कर देता है। राष्ट्रीय फलक पर होनेवाली महत्त्वपूर्ण घटनाओं, जिनसे समाज और राष्ट्र की विकास यात्रा प्रभावित होती है, को अनदेखा कर देने की प्रवृत्ति हिन्दी लेखकों में विद्यमान है। इक्का-दुक्का रचनाकारों को छोड़कर अधिकांश रचनाकार अतीत से बँधे दिखाई पड़ते हैं। ऐसे ही समीक्षक साहित्यिक मूल्यों को सामाजिक मूल्यों से भिन्न मानते हैं।

ओमप्रकाश ग्रेवाल कहते हैं : 'साहित्यिक मूल्यों को सामाजिक मूल्यों से इस आधार पर भिन्न बताया जाता है कि साहित्य में जिन मानवीय मूल्यों की स्थापना होती है, उनमें सत्य और शिव का अनूठा एकाकार हो जाता है। कोई भी सफल साहित्य कृति एक ऐसे स्वतः सम्पूर्ण संसार की पुष्टि करती है जहाँ पाठक अपनी जैविक आवश्यकताओं से असम्पृक्त होकर सामाजिक बन्धनों, पक्षपातों एवं

संकल्पों से जकड़े रहते हैं, शुद्ध साहित्यिक दृष्टि से कृति द्वारा सम्प्रेषित मानवीय अनुभवों को ग्रहण नहीं कर पाते हैं।'

हिन्दी साहित्य समीक्षा का यह दृष्टिकोण साहित्य को एकांगी बनाता है, क्योंकि साहित्यकार का परिवेश, जो सामूहिक प्रयासों से बदलता रहता है, सामाजिक व्यवस्था द्वारा निर्मित इस परिवेश को बदलने के संघर्ष लगातार चलते रहते हैं। कभी यह गति तीव्र हो जाती है, कभी धीमी। यह एक जटिल ऐतिहासिक प्रक्रिया है। ऐतिहासिक प्रक्रिया के इस द्वन्द्व को समझने के लिए जहाँ द्वन्द्वात्मक भौतिकवाद की वैज्ञानिक पद्धति कारगर साबित हुई है वही भारतीय सन्दर्भों में डॉ. अम्बेडकर और ज्योतिबा फुले के जीवन संघर्ष ने दलित चेतना को जन्म दिया है। इसी संघर्ष और दलित चेतना को आधार बनाकर दलितों ने ब्राह्मणवादी वर्ण-व्यवस्था के विरुद्ध संगठित होकर कड़ा संघर्ष किया है जिसकी वैचारिक अभिव्यक्ति दलित साहित्य के रूप में उभरकर साहित्य जगत में जीवन्तता लेकर आई है जो केवल साहित्यिक मूल्यों तक ही सीमित नहीं है बल्कि एक आन्दोलन के रूप में सामाजिक, आर्थिक, शैक्षणिक, धार्मिक जीवन को भी प्रभावित कर रही है।

साहित्य के पुनर्मूल्यांकन की पक्षधरता के पीछे भी यही दृष्टिकोण है। हिन्दी समीक्षा के सामन्ती मूल्य साहित्य को एकांगी बना रहे हैं। साहित्य, समाज, राजनीति एक-दूसरे के पूरक हैं। समाज में व्याप्त पूर्वग्रह खोखले आदर्शों, मानव-विरोधी मूल्यों, असमानता पर आधारित समाज-व्यवस्था का विरोध दलित चेतना के प्रमुख सरोकारों में है। इसीलिए अपने पूर्व साहित्य की पुनर्व्याख्या आवश्यक है, क्योंकि समाज-व्यवस्था की जड़ें जीवन की गहरी पर्तों में छिपी हुई हैं।

पारम्परिक समीक्षा में अन्तर्निहित मानदंडों से दलित साहित्य की समीक्षा सम्भव नहीं है। इस पर अनेक बार प्रश्न उठे हैं। परम्परावादी समीक्षक इस आरोप पर तिलमिलाते हैं। डॉ. गजानन चह्वाण का कहना है कि 'काव्य-समीक्षा की प्रभावकारिता और उसके लिए प्रयुक्त उपकरणों का निर्णय एवं उल्लेख कविता के स्वस्थ विकास की दृष्टि से ही नहीं कवि की अलग पहचान की दृष्टि से भी आवश्यक होता है। समीक्षा से सामान्यतः यह अपेक्षा की जाती है कि वह साहित्य-लता की पोषिका बने। समीक्षा साहित्य-लता के पोषण के अनुकूल तभी

बन सकती है, जब समीक्षक कवि की दृष्टि, मन्तव्य एवं मानदंडों को निश्चित करे। सब कवियों के लिए एक जैसे मानदंड नहीं हो सकते। जो जिन उद्‌देश्यों से बनी हुई है, उन्हीं के आधार पर उसका मूल्यांकन माना जाएगा। दलित कविता का उद्‌देश्य पाठकों का मनोरंजन करना नहीं है। वह कार्य के लिए प्रयुक्त करानेवाली कविता है। वर्ण और जातिप्रथा के आधार पर फैलाई गई विषमता के विरुद्ध उसने संघर्ष की भूमिका अपनाई है।'

दलित कविता के सन्दर्भ में डॉ. गजानन चह्वाण का उपरोक्त कथन सही है। पारम्परिक समीक्षा दलित कविता के अन्तर्निहित मूल्यों, जीवन आदर्शों को सही-सही विवेचित करने में असमर्थ है। उसमें उठाए गए प्रश्नों को विश्लेषित करने का दृष्टिकोण ही कई प्रकार के गलत निष्कर्षों को जन्म देता है। जबकि दलित रचनाओं की समीक्षा को आज का हिन्दी समीक्षक अपनी उन्हीं स्थापित मान्यताओं पर माप रहा है।

यह आम धारणा है कि विश्वविद्यालयों और शिक्षण संस्थाओं के पाठ्‌यक्रमों में व्यवहृत कोई भी रचना पवित्र एवं उत्कृष्ट होती है। उसका रचनाकार महान मान लिया जाता है। साथ ही यह धारणा भी मान्य हो जाती है कि उस रचनाकार ने अपनी रचनाओं से उस काल-विशेष की साहित्यिक धारा को प्रभावित किया होगा। इसलिए विश्वविद्यालयों या शिक्षण संस्थाओं में पढ़ाए जानेवाली इन साहित्यिक रचनाओं पर जब बातचीत या बहस होती है तो उसका अर्थ परम्परा का समर्थन अथवा विरोध करना भी माना जाता है। इस कार्य को विश्वविद्यालयों से जुड़ा बौद्धिक समाज ही करता है जिसमें छात्रों की भी अहम भूमिका होती है।

ऐसे भी उदाहरण हैं जब इन बहसों की प्रक्रिया में कुछ पारम्परिक आलोचक और अध्यापक उस रचना विशेष को व्यर्थ घोषित कर देते हैं जिसमें साहित्य की धारा को आगे ले जाने की क्षमता होती है।

इसी सन्दर्भ में डॉ देवेन्द्र चौबे का कहना है : 'आज हिन्दी दलित साहित्य को अपूर्ण गद्य मानकर उसकी मनमानी व्याख्या की जा रही है। इस व्याख्या में पारम्परिक आलोचकों और विश्वविद्यालयों के अध्यापकों का एक बड़ा वर्ग भी शामिल है। क्योंकि वह नहीं चाहता कि दलित साहित्य भी शिक्षण संस्थाओं में शामिल होकर उत्कृष्ट अथवा

पवित्र 'साहित्यिक पाठ' का दर्जा पा जाए। इसलिए इस प्रकार के अध्यापकों और आलोचकों द्वारा यह भ्रम फैलाया जा रहा है कि यह अपूर्ण गद्य वर्षों से चली आ रही साहित्य की परम्परा को नष्ट कर देगा। नष्ट कर देगा उन पात्रों को, उन विचारों को, उन आदर्शों को, जिसे अब तक हम महान समझते आ रहे थे, क्योंकि उन लोगों को विश्वास है कि यह साहित्य एक आँधी है, तूफान है, बवंडर है जो किसी को नहीं पहचानता है। जो भी इसके समानान्तर आएगा अथवा खड़ा होने की कोशिश करेगा, उसे इसकी राक्षसी ताकत उड़ा ले जाएगी। परिणामतः खत्म हो जाएगी वह परम्परा, वह विचार जो अब तक अभेद्य, उत्कृष्ट और पवित्र था।'

दलित साहित्य की दृष्टि में अतीत एक स्याह पृष्ठ है, जहाँ सिर्फ घृणा है, द्वेष है, उदात्त मानवीय सम्बन्धों की गरिमा का विखंडन है। हर एक प्रसंग, घटना, दैहिक वासना बनकर रह गई है। दलित साहित्य अतीत के इस खोखलेपन से परिचित है। अतीत के आदर्श उसे झूठे और छद्म दिखाई पड़ते हैं जिसे वह उतारकर फेंक देना चाहता है ताकि भारतीयता की सच्ची और सजीव पहचान उभरे। दलित साहित्य ने इस उदात्त भाव को मुखरता से अभिव्यक्त किया है।

युगों-युगों से प्रताड़ित, शोषित, साहित्यिक, संस्कृति से वंचित मानस जब स्वयं को साहित्य के साथ जोड़ता है तो दलित साहित्य उसकी निजता को पहचानने की अभिव्यक्ति बन जाता है। हाशिए पर कर दिए गए इस समूह की पीड़ा जब शब्द बनकर सामने आती है तो सामाजिकता की पराकाष्ठा होती है। सदियों से दबा आक्रोश शब्द की आग बनकर फूटता है। तब भाषा और कला की परिस्थितियाँ उसे सीमाबद्ध करने में असमर्थ हो जाती हैं।

पारम्परिक साहित्य के छद्म और नकारात्मक दृष्टिकोण के प्रति वह निर्मम है। दलित रचनाकार लुक-छिपकर या घुमा-फिराकर बात कहने का पक्षधर नहीं है। उनके लिए कल्पना और धोखों पर आधारित पद्धति और उसके मापदंड त्याज्य हैं। अन्तर्सम्बन्धों और परिवेश की वस्तुपरक व्याख्या दलित साहित्य में आरोपित नहीं है। बल्कि सहज और स्वाभाविक है।

भाषा की आक्रामकता और आक्रोश का अतिरेक दलित कविता की शक्ति है जहाँ अविश्वसनीय, काल्पनिक चित्र, प्रतीक, बिम्ब और

मिथक नहीं हैं। रोजमर्रा के जटिल जीवन से उपजे, नैसर्गिक, जीवन लय से अभिव्यक्त उपादान हैं, जो अन्तिम और शाश्वत नहीं हैं। समय के साथ परिवर्तित होते हैं। निरन्तर नए होना प्रकृति है। ईश्वर के अस्तित्व पर दलित साहित्य सवाल उठाता है।

दलित साहित्य की आन्तरिक चेतना में निराशावाद, भाग्यवाद नहीं है, वर्ण-व्यवस्था के प्रति उसका कठोर रुख है जिसे विध्वंस करके समाज में समानता, भाई-चारा और स्वतन्त्रता की भावना स्थापित करना दलित चेतना के सरोकारों में शामिल है। यह वह बिन्दु है, जो गैर-दलितों द्वारा लिखे गए और दलितों द्वारा लिखे गए दलित लेखन की सीमा रेखा है। नागार्जुन की 'हरिजन-गाथा' कविता का उद्धरण अप्रासंगिक नहीं होगा। इस कविता में कवि ने मार्मिक शब्दों में दलितों के हथियार उठाकर व्यवस्था को पराजित करने की सम्भावना व्यक्त की है। कवि की सहानुभूति दलितों के साथ है, इसमें सन्देह या अविश्वास की गुंजाइश भी नहीं है। भाषा के जिन प्रतीकों, बिम्बों और संकेतों के द्वारा कवि ने अपनी अभिव्यक्ति प्रस्तुत की है, वे दलित चेतना की धार को कुन्द करते हैं। यह इस कविता का विरोधाभास है। मनुपुत्र, भाग्य-दुर्भाग्य, हरिजन के साथ क्रान्ति का निष्कर्ष है कि क्रान्ति के बाद दलित नई ऋचाएँ और वेद का गायक होगा। यहाँ यह शंका निराधार नहीं है कि कवि का आग्रह 'वेद' और 'ऋचाओं' के प्रति क्यों है। मनुस्मृति में दर्ज दंड विधानों के बाद कोई भी दलित स्वयं को मनुपुत्र स्वीकार नहीं करता। नागार्जुन का यह आग्रह ठीक वैसा ही है जैसा 'हरिजन' शब्द के साथ। 'हरिजन-गाथा' कविता दलित चेतना का विस्तार नहीं करती, बल्कि यह भावुक अभिव्यक्ति, जिसमें सहानुभूति का अंश ज्यादा है, बनकर रह जाती है।

दलित साहित्य पर समाज में विघटन पैदा करने का आरोप लगानेवाले आलोचक भी इस कविता को श्रेष्ठता भाव से ही देखते हैं। इसमें उठाई गई सम्भावनाएँ उन्हें विघटनकारी नहीं लगतीं, क्योंकि ये सम्भावनाएँ एक सवर्ण मानसिकतावाले जनवादी कवि बाबा नागार्जुन की हैं। हिन्दी समीक्षक का नजरिया भी श्रेष्ठ भाव से भरा हुआ है।

सवर्ण रचनाकारों ने दलित संवेदना और सहानुभूति की जो रचनाएँ लिखी हैं, जरूरी नहीं कि वे किसी आन्तरिक बदलाव के कारण ही

जन्मी हों, या फिर आन्तरिक दबावों ने इन रचनाओं को जन्म दिया हो। बाहरी दबाव भी हो सकते हैं। प्रेमचन्द की कहानी 'ठाकुर का कुआँ', 'सद्गति', 'दूध का दाम' और अमृतलाल नागर के उपन्यास 'नाच्यौ बहुत गोपाल' की संवेदना क्या एक जैसी है ? गिरिराज किशोर के उपन्यास 'परिशिष्ट' और जगदीश चन्द्र के उपन्यास 'धरती धन न अपना' का नायक तमाम सम्पन्न संवेदनाओं, ऊर्जाओं, संघर्षशीलता के बावजूद अपनी चारित्रिक सम्भावनाएँ खो देता है, यथास्थिति बनाए रखने में उसकी आन्तरिक छटपटाहट ठंडी कर दी जाती है। संवेदनाओं के स्तर पर झकझोर देनेवाली रचनाओं में दलितों की त्रासद स्थिति, समग्रता बोध, शोषण, दमन को पुख्ता करनेवाले 'आदर्शों' के कारण प्रतिकार की बेचैनी, उग्रता, बदलाव की आकांक्षा, सहानुभूति से परिपूर्ण इस साहित्य में दिखाई क्यों नहीं पड़ती ? क्यों खो जाती है वह छटपटाहट जो बदलाव को जन्म देती है ? सामाजिक विषमता, परस्पर लूट-खसोट, सत्ता के गलियारों की चमचागिरी, भ्रष्टाचार, शिक्षा-संस्थानों की धाँधलियों से बचकर कब तक कन्नी काटते रहेंगे ? हिन्दी रचनाकार सीधे-सीधे समस्याओं से जूझने के बजाय क्यों जरूरी समझते हैं 'कला' के मुखौटे पहनना ? हिन्दी समीक्षा इन स्थितियों को रेखांकित करने के बजाय, इनमें सहयोग देती है, इसीलिए राष्ट्रीय समस्याओं पर हिन्दी लेखक लगभग मौन धारण किए रहते हैं, कुछ अपवादों को छोड़कर। ये अपवाद भी वह हैं जो मुख्यधारा से बाहर हैं।

हिन्दी दलित कविता पर टिप्पणी करते हुए दुर्गाप्रसाद गुप्त कहते हैं कि 'हिन्दू वर्ण-व्यवस्था से पीड़ित समुदाय की वेदना ही हिन्दी दलित कविता का स्वर है, जिसका तेवर, कविता का अन्दोलन चेतना के स्तर पर बहुत गहराई से जुड़ा है, जिसकी जड़ में सदियों का अन्याय, अत्याचार और शोषण का इतिहास है। इसलिए हिन्दी की दलित कविता समय के दौर में दलित आन्दोलन को स्थायित्व प्रदान करनेवाली कविता है। यह वर्ण-व्यवस्था की सामाजिक, सांस्कृतिक एवं राजनीतिक वर्चस्व के खिलाफ प्रतिरोधात्मकता का अपना नया मोर्चा निर्मित करती है। यह सदियों की यातना है जो आक्रोश एवं विद्रोह के रूप में फूट रही है...दलित कविता अपनी यातनाओं के अतीत के साथ अपने समसामयिक जीवन और परिवेश के साथ गहराई से जुड़ी हुई है, जिससे

उसकी प्रासंगिकता बनी हुई है। आए दिन दलितों पर होनेवाले अत्याचारों को वह बखूबी दर्ज करती है।'

हिन्दी साहित्य में समाजशास्त्रीय समीक्षा का नितान्त अभाव है, बल्कि नहीं के बराबर है। जैसे-जैसे समाजशास्त्रीय दृष्टि, भौतिकवादी दृष्टि पर विचार किया जाएगा वैसे-वैसे जीवन के प्रश्न, उनका भीषण स्वरूप, उनके विरुद्ध संघर्ष, इन सबकी पड़ताल साहित्य में होगी। इसके लिए रचनाकारों, कलाकारों को सामाजिक जीवन में व्याप्त तुच्छता, विषमता, अन्तर्द्वन्द्व का चित्रण करना होगा। आज का हिन्दी साहित्य मुट्ठी-भर लोगों की इच्छा, आकांक्षा, काल्पनिक रम्य चित्रण, खोखले आदर्शों को प्रतिबिम्बित करनेवाला साहित्य है।

सन्दर्भ

1. मुद्राराक्षस–दलित लेखन और सवर्ण रचना संसार, उत्तर प्रदेश, जून, 1997, पृष्ठ 9
2. राजेन्द्र यादव–तेरी मेरी उसकी बात, हंस, अगस्त, 1998, पृष्ठ 4
3. ओमप्रकाश ग्रेवाल–आजादी के बाद हिन्दी समीक्षा : आधुनिकता और नव्य आलोचना, नया पथ, अंक 24-25, 1997, पृष्ठ 81
4. वही, पृष्ठ 83
5. डॉ. देवेन्द्र चौबे–उत्तर आधुनिक समाज में साहित्य और उसका वास्तविक पाठक, हंस, अंक 3, अक्टूबर, 1998, पृष्ठ 34
6. दुर्गा प्रसाद–दलित यातना के कई हजार वर्ष एक साथ–कदम, अंक 2-3 अप्रैल-अक्टूबर. 98, पृष्ठ 58-59

समकालीन हिन्दी कहानी परिदृश्य

दलित साहित्य के प्रारम्भिक दौर में ज्यादातर कविताएँ ही लिखी गईं। लेकिन सातवें दशक में अनेक दलित रचनाकारों ने कहानी विधा को अपनाया। उस दौर की कहानियों को हिन्दी सम्पादकों ने प्रकाशित करने में विशेष रुचि नहीं दिखाई। फिर भी दलित कथाकारों ने हौसला नहीं खोया और रचनाकर्म को एक आन्दोलन की तरह जारी रखा। इसी दौर के कथाकारों में मोहनदास नैमिशराय की कहानी, जिसे वे अपनी प्रथम कहानी मानते हैं, 'सबसे बड़ा सुख' कथालोक में छपी और इसी प्रकार ओमप्रकाश वाल्मीकि की 'अँधेरी बस्ती' निर्णायक भीम (सं. आर. कमल, कानपुर) के अंक में छपी। पाठकों को आश्वस्त करती हुई इन कहानियों में दलित अस्मिता के सरोकारों और दलित चेतना की बेचैनी का तीखा स्वर दस्तक दे रहा था।

हिन्दी दलित कहानी का समकालीन परिदृश्य आठवें दशक में तेजी से उभरता है जिसमें कई नए रचनाकार उभरकर अपनी उपस्थिति दर्ज करते हैं, और अपनी कहानियों के द्वारा दलित साहित्य को एक

मजबूत आधार देने की कोशिश करते हैं। दलित कथाकारों का यह प्रयास जहाँ सर्जनात्मक आवेग से स्वयं को तलाशने की प्रक्रिया के साथ-साथ सामाजिक परिवेश की गम्भीर चुनौतियों से टकराता है, वहीं हिन्दी कहानी का परिचय उन स्थितियों और चरित्रों से कराता है जिनसे हिन्दी रचनाकार अनभिज्ञ था।

हिन्दी कहानी के अनेकों उतार-चढ़ावों, तथाकथित आन्दोलनों से अलग दलित कहानी बदलते हुए सामाजिक परिदृश्य के यथार्थ चित्रण की एक विशिष्ट धारा के रूप में सामने आती है जिसकी ओर हिन्दी समीक्षकों का ध्यान बहुत देर से गया है। हिन्दी कहानी में नई कहानी, अकहानी, समान्तर कहानी और फिर जनवादी कहानी...आदि पड़ावों से गुजरते हुए वर्तमान हिन्दी कहानी का रुझान उसे वैचारिक प्रतिबद्धता से जोड़ता है। यह एक बदलाव था हिन्दी कहानी के लिए जिसमें यथार्थवादी चित्रण और मध्यवर्गीय जिजीविषा का बहुत ही निकटता से सम्बन्ध प्रस्तुत हुआ था और पाठकों ने कहानी के कल्पना लोक और रोमानी मायावी संसार से मुक्त होकर एक ताजगी का अहसास महसूस किया था।

इसी के साथ दलित चेतना की कहानियों ने अपनी उपस्थिति दर्ज की। आठवें दशक में यह उपस्थिति और अधिक तीव्रता से उभरी, लेकिन हिन्दी सम्पादकों और समीक्षकों के उपेक्षापूर्ण रवैए के कारण दलित रचनाएँ लगातार चर्चा से बाहर रहीं। दलित रचनाकारों के संघर्ष ने आखिर इस तिलस्म को तोड़ने में सफलता पाई। दलित कथाकार मोहनदास नैमिशराय की कहानियाँ जहाँ दलित पत्रिकाओं में छप रही थीं, वहीं 'गरिमा भारती', 'कुरुक्षेत्र', 'संचेतना', 'स्वतन्त्र भारत' में भी छपी। इसी प्रकार ओमप्रकाश वाल्मीकि की कहानियाँ 'पंजाब केसरी', 'जनसत्ता' (चंडीगढ़ संस्करण), 'नवभारत', 'निष्कर्ष' आदि में छपकर एक विशाल पाठक वर्ग तक पहुँचने में सफल रहीं।

नवें दशक में दलित कहानियों ने अपनी एक खास पहचान निर्मित की। हिन्दी साहित्य के लिए दलित साहित्य की चर्चा नई नहीं थी। हिन्दी की कई महत्त्वपूर्ण पत्रिकाएँ मराठी दलित साहित्य पर अपने विशेषांक प्रकाशित कर चुकी थीं। हिन्दी पाठक दया पवार, बाबूराव बागूल, गंगाधर पानतावणे के नाम और उनकी रचनाओं से परिचित था। लेकिन हिन्दी दलित रचनाकारों से उन्हें परहेज था। हिन्दी दलित

लेखक उनकी देहरी पर खड़े होकर दस्तक दे रहे थे। उन देहरियों पर जहाँ उनका प्रवेश निषेद्ध था। मराठी दलित साहित्य की चर्चा से उनकी महानता साहिष्णुता पर कोई आँच नहीं आती थी। हिन्दी दलित कथाकार उनके इस भ्रमजाल को छिन्न-भिन्न कर रहे थे। हिन्दी समाज की संकीर्णता, जाति भावना का ढका-दबा भ्रम उघाड़ रहे थे। इसीलिए हिन्दी सम्पादक इन 'अधकचरी' 'अपरिपक्व' रचनाओं को न छापना ही बेहतर मान रहे थे।

हिन्दी दलित कथाकारों की जद्दोजहद की दस्तक पर दरवाजा खुला। 'हंस' (सं. राजेन्द्र यादव) ने उन्हें एक मंच दिया। नवें दशक में ओमप्रकाश वाल्मीकि, मोहनदास नैमिशराय, श्यौराजसिंह बेचैन, सूरजपाल चौहान, डॉ. सुशीला टाकभौरे आदि की कहानियाँ 'हंस' में छपीं।

अन्य पत्र-पत्रिकाओं—'लोकमत समाचार', 'राजस्थान पत्रिका', 'कथानक', 'इंडिया टुडे', 'वसुधा', 'पश्यन्ति', 'संचेतना', 'दस्तक', 'युद्धरत आम आदमी', 'दैनिक ट्रिब्यून' आदि ने हिन्दी दलित कहानियाँ प्रकाशित कीं।

नवें दशक में अनेक कथा-संकलन भी आए। डॉ. महीप सिंह द्वारा चयनित वार्षिक कथा-संकलनों में दलित कहानियाँ शामिल की गईं। डॉ. पुष्पपाल सिंह द्वारा सम्पादित कहानी-संकलन 'कहानी चयन 1996' में ओमप्रकाश वाल्मीकि की कहानी 'अम्मा' शामिल की गई। डॉ. एन. सिंह द्वारा सम्पादित दलित कहानी-संग्रह 'यातना की परछाइयाँ', डॉ. कुसुम वियोगी द्वारा सम्पादित 'समकालीन दलित कहानियाँ', मोहनदास नैमिशराय का कहानी-संग्रह 'आवाजें', सूरजपाल चौहान का 'हेरी कब आएगा', डॉ. दयानन्द बटोही का 'सुरंग', 'कफनखोर', 'यातनाओं के जंगल', डॉ. सुशीला टाकभौरे का 'टूटता वहम', ओमप्रकाश वाल्मीकि का 'सलाम' आदि कहानी-संग्रहों ने नवें दशक में दलित कहानी की यात्रा का एक अहम पड़ाव पार किया है।

हिन्दी दलित कहानी की यह यात्रा सहज और सरल यात्रा नहीं है। लम्बी संघर्ष यात्रा है, जो सातवें दशक से नवें दशक तक काँटों पर चलते हुए लहूलुहान होकर भी अपने विस्फोटक तेवर की पहचान बनाने में सफल रही है। दलित कहानी ने समस्याओं से मुठभेड़ की

है। अपने सर्जनात्मक, आक्रोशित स्वर को यथार्थ की भूमि पर खड़ा करके बदलाव के नए आयाम स्थापित किए हैं। यथार्थ की संघर्षपूर्ण स्थितियों, सामाजिक विषमताओं, भेदभाव, अन्तर्विरोधों को चित्रित करने की प्रवृत्ति उसने किसी दबाव या प्रतिक्रिया के तहत ग्रहण नहीं की है बल्कि यह उसका अपना स्वाभाविक और वस्तुनिष्ठ स्वरूप है। आवेगपूर्ण विरोध के द्वारा परिवर्तन की पक्षधरता उसका जीवन-मूल्य है।

इस यात्रा में जहाँ डॉ. श्यौराजसिंह बेचैन, सूरजपाल चौहान, जयप्रकाश कर्दम, डॉ. दयानन्द बटोही ने यथार्थपरक संवेदनशीलता और सामाजिक विमर्श की कहानियाँ लिखी हैं, वहीं डॉ. सुशीला टाकभौरे, रजतरानी मीनू, कावेरी, कुसुम मेघवाल दलित स्त्री की पीड़ा उकेरने में सफल हुई हैं।

पत्र-पत्रिकाओं में निर्णायक भीम, अंगुत्तर, भारत अश्वघोष हिन्दी की विशिष्ट पत्रिकाएँ हैं जिनमें दलित कथाकारों की अभिव्यक्ति को पूरा अवसर मिला है। इनके साथ ही युद्धरत आम आदमी की भूमिका बहुआयामी रही है। रमणिका गुप्ता (सम्पादिका) ने सिर्फ दलित कहानी विशेषांक ही नहीं निकाले बल्कि प्रकाशित सामग्री को पुस्तक रूप देकर, उस पर चर्चा भी कराई है। 'दूसरी दुनिया का यथार्थ' पुस्तक पर नई दिल्ली में एक उत्तेजक परिचर्चा का आयोजन भी किया गया।

इसी कड़ी में 'हंस' के विशेषांक में ओमप्रकाश वाल्मीकि की कहानी 'प्रमोशन' और 'वर्तमान साहित्य' के विशेषांक में 'यह अन्त नहीं', 'सुमन लिपि' के दलित विशेषांक में 'कुचक्र', 'लोकमत समाचार' के दीपावली विशेषांक में 'कहाँ जाए सतीश' आदि रचनाएँ छपीं और चर्चित हुईं। 'प्रमोशन' में जहाँ वामपन्थी मजदूर संगठनों में विद्यमान अन्तर्विरोध को उजागर किया गया, वहीं 'कुचक्र' में सरकारी कार्यालयों में दलित कर्मचारियों के प्रति बरती जानेवाली मानसिकता का लेखा-जोखा था। 'कहाँ जाए सतीश' में सामाजिक भेदभाव का चित्रण था और 'यह अन्त नहीं' में पंचायती राज की विडम्बनाओं को उघाड़ा गया था।

इसी प्रकार मोहनदास नैमिशराय की कहानी 'अपना गाँव' (लोकमत समाचार, दीपावली विशेषांक, 1994), 'संचेतना' में प्रकाशित 'हारे हुए लोग' कहानियों ने दलित कहानी की विकास यात्रा को

गम्भीरता प्रदान की।

नवें दशक की दलित कहानी में जहाँ भारतीय गाँव में व्याप्त वर्ण-व्यवस्था और सामन्ती व्यवस्था में पिसते दलितों की हाहाकार है, वहीं छोटे शहरों, महानगरों में बसे सरकारी नौकरियों में जीवन-निर्वाह करते अधिकारियों, कलर्कों, कर्मचारियों की व्यथा-कथाएँ हैं, साथ ही दलितों में उभरते आक्रोश, विरोध, संघर्ष की तीव्र चेतना छवि भी है जो बदलाव का संकेत है।

दलित कथाकार अपने प्रामाणिक अनुभवों को कथा में पिरोकर गहन अनुभूति से जब प्रस्तुत करता है तो साहित्य की भूमिका भी स्पष्ट हो जाती है। मिसाल के तौर पर मोहनदास नैमिशराय की कहानी 'अपना गाँव' में सामन्ती व्यवस्था में दलित सिर्फ उपभोग की वस्तु हैं, उनका मान-सम्मान अर्थहीन है। कहानी के कथ्य में जो क्रमिक विकास है, वही दलित चेतना की विकास यात्रा भी है, और यह कहानी दलित सरोकारों और जिजीविषा की एक श्रेष्ठ और सशक्त कहानी है जो दलित आन्दोलन के प्रबल पक्ष को उजागर करती है। मोहनदास नैमिशराय इस कहानी को रिपोर्ताज नहीं बनने देते बल्कि कथा-प्रवाह में जिज्ञासा उत्पन्न करते हैं। ग्रामीण जीवन के अन्तर्सम्बन्धों को यह कहानी विद्रूपता से प्रस्तुत करती है।

अस्सी बरस का हरिया शोषण के खिलाफ उठ खड़ा होता है। अपनी बहू कबूतरी को जमींदार-पुत्र द्वारा नग्न घुमाए जाने से वह अवाक् तो हो जाता है लेकिन उसके भीतर की खामोशी चीखने लगती है। अपने बेटे को शहर से बुलाता है। थाने में रिपोर्ट लिखाने गए लोगों पर पुलिस के टूटते कहर को वह सिर्फ देखता ही नहीं महसूस भी करता है। लेकिन हार नहीं मानता। बिरादरी की पंचायत में, जहाँ औरतें भी हैं, एक प्रस्ताव आता है कि बदले की भावना से उनकी औरत को भी नंगा घुमाएँ। लेकिन हरिया विरोध करता है। उसका विवेक उसे विरोध के लिए उकसाता है। कोई कहता है, 'फसल जला दो।' लेकिन मेहनतकश दलित विरोध करते हैं। 'अन्न को भी कोई तबाह करता है !' हरिया नया गाँव बसाने का प्रस्ताव रखता है, जिसे सभी मान लेते हैं। और एक नए गाँव 'अपना गाँव' का सपना अस्तित्व में आता है।

मोहनदास नैमिशराय की कहानी 'हारे हुए लोग' दलितों को

किराए का मकान मिलने में आनेवाली परेशानियों और जात-पाँत की भावना में उपजे तिरस्कार की कहानी है। दलित अधिकारी को नए शहर में आने पर किराए का मकान ढूँढ़ने में जिस पीड़ा और अपमान बोध से गुजरना पड़ता है, वह कोई भुक्तभोगी ही समझ सकता है। रामनारायण द्विवेदी का यह कथन समूची व्यवस्था के नग्न रूप की कलई खोल देता है, 'अजी हमें क्या मतलब, आप कलट्टर भी हैं। नौकरी करने से आदमी की जात तो नहीं बदल जाती। रहता तो वही है।'

कमल सचदेव मोहनदास नैमिशराय की कहानियों पर टिप्पणी करते हैं : 'आत्मकथा में जहाँ उनके सामने एक सीमित परिवेश था, कहानियों में यह परिवेश व्यापक हुआ है।'

आगे वे कहते हैं : 'दलितों की पीड़ा को व्यक्त कर देना मात्र इन कहानियों का लक्ष्य नहीं है बल्कि उनके भीतर सुलगता आक्रोश धीरे-धीरे विरोध में बदलता दिखाने के प्रति भी मोहनदास नैमिशराय सतर्क रहे हैं।'

दलित कथाकारों में सूरजपाल चौहान ने बहुत कम समय में अपनी पहचान स्थापित की है। 'साजिश' उनकी चर्चित कहानी है। इस कहानी में सरकारी तन्त्र में विद्यमान वर्ण-व्यवस्था के पोषक तत्त्व किस प्रकार दलित-विरोधी साजिश रचते हैं, इसका खुलासा बहुत ही सहज ढंग से हुआ है। नत्थू बैंक से लोन लेकर एक मेटाडोर खरीदना चाहता है। बैंक मैनेजर रामसहाय उसे सलाह देता है, 'ट्रांसपोर्ट के काम में कई प्रकार के लफड़े हैं, फिर तुझे इस काम का अनुभव भी नहीं है। यह काम तो बड़े-बड़े व्यापारियों का है।'

'तो साहब आप ही बताइए मैं क्या करूँ ?' नत्थू ने असमंजस की-सी स्थिति में कहा।

'तू पढ़ा-लिखा है। तू पिगरी लोन हेतु फॉर्म भरकर क्यों नहीं देता ?'

दलित अपने व्यवसाय में कुछ बदलना चाहे तो यह तन्त्र उसे घसीटकर वहीं डाल देता है। रामसहाय बहुत ही चालाकी से नत्थू को सलाह देता है। तन्त्र की ये मनोगत स्थितियाँ यथास्थिति बनाए रखने के लिए सक्रिय होती हैं। लेकिन दलित अब ऐसे तन्त्र को चुनौती देने लगे हैं।

'घाटे का सौदा' सूरजपाल की कहानी आत्मविश्लेषण की कहानी है। पढ़े-लिखे दलित सामाजिक भेदभाव के भय से जाति छिपाकर रहने के लिए बाध्य होते हैं। ऐसे एक अधिकारी के इर्द-गिर्द घूमती है यह कहानी। कथा का मुख्य पात्र डी. लाल अपने ही द्वारा बुने जाल में स्वयं ही फँस जाता है। आत्मग्लानि और डर से मुक्त होने के लिए वह 12-12 लाख की अपनी कोठी मात्र 6 लाख में बेचकर उस जगह से भाग खड़ा होता है। सूरजपाल चौहान ने इस कथ्य को बहुत ही सहज ढंग से कहानी में पिरोया है।

दलितों में एक ऐसा वर्ग भी उभर रहा है जो इस टूटन और हीनताबोध की जिजीविषा को बराबर रखकर शक्ति अर्जित करने का जतन कर रहे हैं। भले ही आवेग के अनिश्चय के दोराहे पर हैं, किन्तु भविष्य में उन्हें प्रकाश किरण दिखाई दे रही है। 'कहाँ जाए सतीश' (ओमप्रकाश वाल्मीकि) में सतीश इसी संघर्ष का प्रतीक है। 'अप्पो दीपो भव' को आदर्श मानकर दलितों में नई चेतना का प्रादुर्भाव हुआ है।

जात-पाँच की भावना से ऊपर उठकर यदि कोई व्यक्ति मैत्रीभाव स्थापित करना चाहता है तो वर्ण-व्यवस्था की जड़ें इतनी गहरी हैं कि उसे ही सन्देह की दृष्टि से देखा जाने लगता है। 'सलाम' (ओमप्रकाश वाल्मीकि) कहानी का कमल उपाध्याय जब हरीश की बारात में शामिल होता है तो गाँव की एक दुकान पर उसे इसलिए चाय नहीं मिलती, क्योंकि उसे चूहड़ा समझ लिया जाता है जबकि वह कहता है कि वह ब्राह्मण है। लेकिन कोई उसकी बात पर विश्वास नहीं करता। 'बामन हो तो चूहड़ों की बारात में क्या मूत पीने आया है...' यानी एक ब्राह्मण का दलितों के साथ उठना-बैठना, सम्बन्ध रखना सामाजिक अपराध है। कमल उपाध्याय सिर्फ अपमानित ही नहीं होता उसके साथ हाथापाई भी होती है। वह भागकर खुद को बचाता है। सामाजिक यथार्थ की बेबाक अभिव्यक्ति दलित कहानियों को जीवन्त बनाती है।

सामाजिक शोषण को अपनी नियति मान लेनेवाले दलित की जब आँख खुलती है तो उसकी जिह्वा पर उत्पीड़न का दर्द शाप बनकर फूटता है, 'तेरे कीड़े पड़ेंगे चौधरी, कोई पानी देनेवाला भी ना बचेगा।' (पच्चीस चौका डेढ़ सौ—ओमप्रकाश वाल्मीकि)।

दलित उत्पीड़न की निर्माणशाला सिर्फ सामाजिक संस्थाएँ ही नहीं,

शैक्षणिक संस्थान भी हैं, जहाँ दलितों को आज भी शिक्षा ग्रहण करने में अनेक बाधाओं को पार करना होता है। डॉ. दयानन्द बटोही की कहानी 'सुरंग' ऐसे शिक्षा संस्थानों की अभेद्य दीवारों में सुरंग बनाती है जहाँ द्रोणाचार्य के वंशज आज भी एकलव्य का अँगूठा काटने के षड्यन्त्र रचते हैं।

जहाँ एक ओर दलित अपनी पीड़ा को आक्रोश में बदलकर साहित्यिक अभिव्यक्ति को एक नया रूप दे रहा है, वहीं दूसरी ओर आत्मबोध की कहानियाँ भी रच रहा है। डॉ. प्रेमशंकर की 'बित्ते भर जमीन' ऐसी ही कहानी है।

जयप्रकाश कर्दम ने कुछ महत्त्वपूर्ण कहानियाँ लिखी हैं जिनमें 'नो बार' प्रगतिशील और लोकतान्त्रिक मूल्यों का समर्थन करनेवाले आधुनिक परिवार की कहानी है, जिसके लिए वैवाहिक विज्ञापन में 'नो बार' देने का यह अर्थ कतई नहीं कि वे अपनी बेटी किसी 'चूहड़े-चमार' को दे दें। भले ही वह कितना भी योग्य क्यों न हो—'वह सब तो ठीक है कि हम जाति-पाँति को नहीं मानते और हमने मैट्रीमोनियल में 'नो बार' भी छपवाया था, लेकिन फिर भी कुछ चीजें देखनी ही होती हैं। आखिर 'नो बार' का यह मतलब तो नहीं कि किसी चूहड़े-चमार के साथ...' समाज में व्याप्त दलितों के प्रति घृणा को यह कहानी बेरहमी से उघाड़ती है।

दलित महिला कथाकारों ने एक नई भूमि तैयार की है। डॉ. सुशीला टाकभौरे की कहानी 'सिलिया' के मुख्य पात्र सिलिया को, जो बड़ी कठिनाइयों से मैट्रिक पास करती है, कोई भी लालच रास्ते से भटका नहीं पाता है। सुदृढ़ और पक्के इरादोंवाली सिलिया ने जिस प्रकार के सामाजिक उत्पीड़न सहे हैं, वे सब उसकी स्मृति में ताजा हैं। तमाम असुविधाओं के बीच भी वह सम्मान से जीना चाहती है। यही संकल्प उसे लड़ने का हौसला देता है। यह एक अन्तर्मुखी कहानी है जो सुधारवादी दृष्टिकोण से लिखी गई है। इसके ठीक विपरीत रजतरानी मीनू ने 'सुनीता' कहानी में गम्भीर सरोकारों और बदलाव की उत्कट चाह को दलित नारी की आन्तरिक शक्ति बनाया है। 'सुनीता' में यह क्षमता है कि वह अपनी बात पर अड़कर उसे मनवा सकती है। परिवर्तन की संघर्षशील प्रवृत्ति से संस्कारित सुनीता एक अद्भुत चरित्र है।

कावेरी की कहानी 'द्रोणाचार्य एक नहीं' कथा-संग्रह की कहानियों के साथ 'सुमंगली' और कुसुम मेघवाल की कहानी 'समय के शिलालेख' दलित नारी के अन्तर्मन को उकेरनेवाली कहानियाँ हैं।

दलित कहानियों के सन्दर्भ में प्रकाश मनु का कहना है : 'हिन्दी के इन सहज कथाकारों में ही दलित कथाकार का उल्लेख किया जाना चाहिए। ओमप्रकाश वाल्मीकि, श्यौराजसिंह बेचैन, प्रेमकुमार मणि, चन्द्रेश्वर कर्ण आदि की कहानियों ने भारतीय समाज के एक ऐसे रोंगटे खड़े कर देनेवाले यथार्थ की ओर हमारा ध्यान खींचा है। जिसे पहले चादर की ओट कर दिया जाता था।'

इसी सन्दर्भ में वे आगे लिखते हैं : 'ओमप्रकाश वाल्मीकि की 'प्रमोशन', प्रेमकुमार मणि की, 'जुगाड़' और चन्द्रेश्वर कर्ण की 'सुरंग से गुजरते हुए' कहानियों में अपमानों की गहरी कचोट है जो सीधे दिल में उतरती है और हक्का-बक्का कर जाती है। दलित साहित्य सच में सभ्यता के नकली मुखौटों की चिन्दी-चिन्दी कर देनेवाला साहित्य है।'

डॉ. पुष्पपाल सिंह कहते हैं : 'ओमप्रकाश वाल्मीकि की कहानी (अम्मा) एक अभूतपूर्व पात्र हिन्दी कहानी में प्रस्तुत करती है और हिन्दी में दलित साहित्य का आन्दोलन-सा उठा है, उसमें अपनी महत्त्वपूर्ण उपस्थिति दर्ज कराती...ओमप्रकाश वाल्मीकि ने अम्मा के वर्गीय चरित्र और निजता को अत्यन्त कुशलता से उकेरा है।'

'अम्मा' कहानी पर टिप्पणी करते हुए महेश कटारे लिखते हैं : ' 'अम्मा' हिन्दी में दलित चेतना को स्वर देते हुए उपेक्षित वर्ग के संघर्ष व आत्मसम्मान की रेखाएँ उभारती है।'

आलोचक जानकीप्रसाद शर्मा अपने लेख 'परम्परा से रिश्ता और समकालीन दृष्टि' में लिखते हैं : 'उभरती हुई दलित चेतना के साथ नए कथाकारों का रिश्ता भी एक विचारणीय मुद्दा है। पिछले कुछ वर्षों में हिन्दी क्षेत्र में दलित चेतना का एक नया उन्मेष हुआ है, लेकिन इसके अपने अन्तर्विरोध भी हैं। इस उन्मेष के मूल में जो आर्थिक प्रश्न थे, वे पीछे छूट गए और यह आन्दोलन केवल वर्ग या जाति की समस्या तक सीमित होता जा रहा है। वर्ण और वर्ग के अन्तर्विरोध दिन-ब-दिन गहराते जा रहे हैं।'

दलित साहित्य की गहनतम पीड़ा से सहमत होते हुए उनका

कहना है : 'नई कहानी के प्रवक्ता 'प्रामाणिक अनुभव' की बात यों ही नहीं करते थे। इसलिए जिन कथाकारों के पास दलित जीवन के प्रत्यक्ष अनुभव हैं अथवा जिन्होंने इस जीवन से गहरा मानसिक साहचर्य स्थापित कर लिया हो उनके लेखन में यह आँच बराबर महसूस होती है। प्रेमकुमार मणि, सुरेश कांटक, ओमप्रकाश वाल्मीकि आदि कथाकारों के यहाँ दलितों के बहुरूपीय शोषण के सच्चे चित्र मिलते हैं।'

रमणिका गुप्ता का कहना है : 'ये कहानियाँ (दलित) सामाजिक बदलाव लाने का आह्वान करती हैं। इन कहानियों में आक्रोश है, आग है, गुस्सा है तो साथ-साथ संवेदना, मानवीयता और सब्र भी है, न्याय की उत्कट लालसा है, समानता की तीव्र ललक है। भाई-चारे की भावना है, आदर पाने की इच्छा भी बलवती है।'

दलित जीवन की नारकीय विभीषिकाएँ जहाँ दलित कहानियों को जीवन से जोड़ती हैं, वहीं ये कहानियाँ मानवीय सरोकारों को प्रतिबद्धता के साथ प्रस्तुत भी करती हैं। अपनी अस्मिता की तलाश और व्यापक स्तर पर अपने अधिकारों के प्रति सजगता इनमें स्पष्ट दिखाई पड़ती है। सामाजिक जीवन के अन्तर्सम्बन्धों की जटिलता ने जो खाई पैदा की है, उसे पाटने का काम भी दलित कहानियों की प्राथमिकताओं में है।

सामाजिक जीवन की विसंगतियाँ और अन्तर्विरोध दलितों में भी हैं, जिनके प्रति दलित कथाकार उतने ही निर्मम हैं, जितने गैर-दलितों के प्रति।

जानकी प्रसाद शर्मा लिखते हैं : 'ओमप्रकाश वाल्मीकि की 'भय' कहानी काबिले-जिक्र है—यह कहानी वर्ण और वर्ग के अन्तर्विरोधों को बड़ी ही बारीकी के साथ उद्घाटित कर देती है। यहाँ दलितों की समस्या का एक विशिष्ट आभास मौजूद है। वह यह कि एक ओर मझोले नौकरीपेशा वर्ग की कृत्रिम सम्भ्रान्तता है। यह सम्भ्रान्तता की ग्रन्थि इतनी प्रबल हो जाती है कि व्यक्ति वर्ण को लेकर अतिरिक्त रूप से सजग और ऊँची जातियों से मिलनेवाले अपमान के कारण वह अपनी वर्णगत पहचान छिपाना चाहता है। इसका अर्थ यह भी नहीं कि वह वर्गीय पहचान से जुड़ना बल्कि एक मिथ्या चेतना से मुक्त होकर दूसरी मिथ्या चेतना से जुड़ जाता है। दूसरी ओर अपनी

जाति के रीति-रिवाज प्रेत की तरह उसके पीछे लगे रहते हैं। 'भय' कहानी का दिनेश इन्हीं अन्तर्विरोधों की गिरफ्त में कसमसाता रहता है। उसे माई मदारन की पूजा के लिए सूअर के बच्चे का ताजा मांस भी चाहिए और उसे इस बात का भय भी है कि कहीं पड़ोसी ब्राह्मण को उसकी जाति का पता न चल जाए। कथाकार की निरीक्षण क्षमता अद्‌भुत है।'

हिन्दी दलित कहानी धीरे-धीरे अपना स्वरूप ग्रहण कर विकास की ओर अग्रसर है। ऐसे अनेक कथाकार सक्रिय हैं, जो अपने आपमें महत्त्वपूर्ण हैं : वे इस विश्लेषण में सम्मिलित नहीं हो पाए, क्योंकि सभी पर टिप्पणी कर पाना सम्भव ही नहीं था। मेरी अपनी सीमाएँ भी हो सकती हैं।

सन्दर्भ

1. कमलेश सचदेव–'आवाजें' (मोहनदास नैमिशराय) की भूमिका 'दहकते विरोध के आसपास का यह संग्रह', समता प्रकाशन, दिल्ली, 1998
2. प्रकाश मनु–सदी के आखिरी दौर की कहानी का चेहरा, दस्तावेज-82 (सं. विश्वनाथ प्रसाद तिवारी), जनवरी-फरवरी-मार्च, 1998, पृष्ठ 7
3. डॉ. पुष्पपाल सिंह–चयन-दृष्टि (भूमिका), कहानी चयन, 1996, अभिरुचि प्रकाशन, दिल्ली, 1998
4. महेश कटारे–बतर्ज बयान इकबालिया (सम्पादकीय), वसुधा, अंक 33-34, दिसम्बर, 1995, 1 जनवरी-15 मार्च, 1996, पृष्ठ 11
5. जानकी प्रसाद शर्मा–'परम्परा से रिश्ता और समकालीन दृष्टि', आजकल, अंक मई-जून, 1995, पृष्ठ 16
6. रमणिका गुप्ता–दूसरी दुनिया का यथार्थ, नवलेखन प्रकाशन, हजारीबाग, 1997, पृष्ठ (III)
7. जानकी प्रसाद शर्मा–वही।

सन्दर्भ-सूची

पत्र-पत्रिकाएँ

1. अंगुत्तर–अंक 1, 1993
अंक अप्रैल-जून 1996
अंक जुलाई-अगस्त-सितम्बर 1997
2. आजकल–मई-जून 1995
3. उत्तर प्रदेश–जून 1997
4. युद्धरत आम आदमी–अंक 41-42, 1996
अंक 31 सितम्बर 1998
5. कदम–अंक 2-3, 1999
6. जागरण–26 अक्टूबर 1932
7. जनसत्ता–21 अगस्त, 1998
8. दस्तावेज–अंक 82, 1999
9. दलित साहित्य सम्मेलन पत्रिका–17 जनवरी 1976
10. नया पथ–अंक 24-25, जुलाई-सितम्बर 1997
अंक 26, 1998
11. पश्यन्ति–अप्रैल-जून 1998
12. पहल–अंक 55, 1997
13. प्रबुद्ध भारत–15 फरवरी 1958
14. राष्ट्रीय सहारा–30 अगस्त 1998
29 नवम्बर 1998
15. सिंह गर्जना–दीवाली अंक, 1975
16. वसुधा–अंक 33-34, दिसम्बर 1995
अंक 41, जून 1998
17. हंस–अंक 11, 1996
अंक 2, 1996
अंक अगस्त 1998
अंक अक्टूबर 1998
18. Toranto Review, 1998, Volume 16, No 2

पुस्तकें

1. अयोध्यासिंह उपाध्याय हरिऔध–कबीर वचनावली
2. अरुण कमल–कविता और समय, वाणी प्रकाशन, नई दिल्ली, 1999
3. डॉ. अज्ञेय–तीसरा सप्तक
4. अर्जुन डाँगले–दलित साहित्य : एक अभ्यास, 1978, महाराष्ट्र राज्य साहित्य संस्कृति मंडल, मुम्बई
5. ओमप्रकाश वाल्मीकि–1. सदियों का सन्ताप, फिलहाल प्रकाशन, देहरादून, 1997, 2. बस्स ! बहुत हो चुका, 1997, वाणी प्रकाशन, नई दिल्ली
6. कान्तिमोहन–प्रेमचन्द और अछूत समस्या, 1982, जनसुलभ साहित्य प्रकाशन, दिल्ली
7. डॉ. कुँवरपाल सिंह–साहित्य और राजनीति, 1981, भाषा प्रकाशन, नई दिल्ली
8. John Deway--Art as Experience, Mintan, 1934, Black company, New York
9. डॉ. धर्मवीर–हीरामन, शेष साहित्य प्रकाशन, दिल्ली, 1989
10. डॉ. एन. सिंह–1 शिखर की ओर, 1997, 2. चेतना के स्वर, 1998 अभिरुचि प्रकाशन, दिल्ली
11. नन्ददुलारे वाजपेयी–आधुनिक साहित्य (सृजन और समीक्षा), मैकमिलन, नई दिल्ली, 1978
12. डॉ. नामवर सिंह–कविता के नए प्रतिमान : काव्य बिम्ब और सपाटबयानी, इतिहास और आलोचना, 1979, राजकमल प्रकाशन, नई दिल्ली
13. प्रणव बन्द्योपाध्याय–दलित-प्रसंग, शिलालेख, 1999, नई दिल्ली
14. डॉ. पुष्पपाल सिंह–कहानी-चयन, 1996, अभिरुचि प्रकाशन, नई दिल्ली, 1998
15. बाबूराव बागूल–दलित साहित्य आज का क्रान्तिविज्ञान
16. डॉ. भीमराव अम्बेडकर–शूद्र कौन और कैसे ? अनुवाद : भदन्त आनन्द कौशल्यायन, 1949
17. मोहनदास नैमिशराय–आवाजें, 1998, समता प्रकाशन, दिल्ली
18. रजतरानी मीनू–नवें दशक की हिन्दी दलित कविता, 1996, दलित साहित्य प्रकाशन, नई दिल्ली
19. राजेन्द्र यादव–काली सुर्खियाँ, 1994, प्रवीण प्रकाशन, नई दिल्ली
20. रमणिका गुप्ता–1. दलित चेतना : सोच, 1998, 2. दूसरी दुनिया का यथार्थ, नवलेखन प्रकाशन, हजारीबाग
21. डॉ. रामविलास शर्मा–नई कविता और अस्तित्ववाद, 1978, राजकमल प्रकाशन, नई दिल्ली
22. विमल थोरात–मराठी दलित कविता और साठोत्तरी हिन्दी कविता में सामाजिक, राजनीतिक चेतना, 1996, हिन्दी, बुक सेन्टर, नई दिल्ली
23. डॉ. विमल कुमार–छायावादी सौन्दर्यशास्त्रीय अध्ययन, 1970, राजकमल प्रकाशन, नई दिल्ली

●●●